AF546951

Astrid Falk

Geckos

mit einem Beitrag von
Rechtsanwalt Dietrich Rössel

56 Farbfotos
20 Zeichnungen

Vorwort

Wenn Sie ein bepflanztes Terrarium als Schmuckstück ansehen, aber nicht unbedingt einen Großteil der Zimmerfläche dafür opfern möchten und nicht allzu komplizierte Tiere dafür suchen, sollten Sie sich einmal mit Geckos beschäftigen. Die Taggeckos mit ihren leuchtenden Farben und die vielgestaltigen Nachtgeckos mit ihrem außergewöhnlichen Verhalten haben sogar schon viele Skeptiker von der Terraristik überzeugen können.

Unter den Gattungen und Arten dieser großen und weit verbreiteten Echsenfamilie haben sich manche im Terrarium als unkompliziert erwiesen, andere als ausgesprochen schwierig. Deren Pflege sollten sich deshalb nur fortgeschrittene Terrarianer annehmen, die schon über langjährige Erfahrungen verfügen – diese Arten werden hier auch nicht weiter behandelt.

Alle, die sich für die Natur und ihre Lebewesen interessieren, wissen, dass viele Arten auf Grund der Zerstörung ihrer Biotope stark bedroht oder sogar schon ausgerottet sind. Auch wenn es gerade unter den Geckos viele gibt, die sich als Kulturfolger behaupten konnten, so steht ihnen eine nicht unerhebliche Anzahl von Arten gegenüber, die in kleineren Arealen endemisch leben. Auch diese gelangen trotz aller Schutzbestimmungen als Wildfänge legal in den Handel. Gerade Neulinge sollten deshalb nur Nachzuchten kaufen und sich eine unkomplizierte Art aussuchen. Tragen wir unserer Verantwortung Rechnung und fangen die Terrarientierhaltung richtig an, können wir einen sinnvollen Beitrag zur Arterhaltung erbringen und dem bloßen Tierverbrauch entgegenwirken.

Bonn, im Herbst 2002
Astrid Falk

Inhalt

Geckos

Vorige Doppelseite: Dornenwaldsteppe in Südwest-Madagaskar, Lebensraum von *Paroedura picta*.

Geckos

Geckos gehören zu den beliebtesten und am häufigsten gepflegten Terrarientieren. Viele können wegen ihrer geringen Größe auch in kleineren Behältern gepflegt und vermehrt werden. Einige Geckos sind aufgrund ihrer relativen Anspruchslosigkeit für den Terraristik-Einsteiger hervorragend geeignet und deshalb oft die Bewohner des allerersten Terrariums. Mit ihnen und einigen Arten, deren Haltung etwas mehr Erfahrung voraussetzt, wollen wir uns im Folgenden beschäftigen. Doch zunächst ein wenig Theorie, die zum Verständnis dieser Reptilien beitragen soll.

Systematik

Die Verwandschaftsverhältnisse dieser stammesgeschichtlich alten Echsenfamilie (das älteste bisher gefundene Fossil eines geckoverwandten Reptils ist 100 Millionen Jahre alt) sind auf Grund der großen Artenvielfalt, die sich in einem riesigen Verbreitungsgebiet entwickelt hat, recht kompliziert. Die systematische Einordnung der Unterfamilien, Gattungen, Arten und Unterarten ist nie endgültig, sondern ständigen Veränderungen unterworfen. Neue Arten werden entdeckt, bestehende Zuordnungen revidiert und neu festgelegt. Zur Zeit sind über 90 Gattungen mit etwa 1000 Arten bekannt. Die Gattung *Phelsuma* umfasst mit 63 bekannten Arten die meisten Taggeckos. Ihr steht eine unverhältnismäßig große Anzahl dämmerungs- und nachtaktiver Arten gegenüber.

In der Zwischenordnung Gekkota gibt es zwei Hauptentwicklungslinien, auch Überfamilien genannt: die stammesgeschichtlich älteren Lidgeckos (Eublepharoidea) und die von ihnen abstammenden Brillengeckos (Gekkonoidea).

Verbreitung und Lebensräume

Der Ursprung der Geckos lag vor langer Zeit in Südostasien. Heutzutage leben sie auf allen Kontinenten (mit Ausnahme der Antarktis) und zahlreichen Inseln und bewohnen Regionen mit tropi-

Klasse Reptilia (Kriechtiere)
Ordnung Squamata (Eigentliche Schuppenkriechtiere)
Unterordnung Sauria (Echsen)
Zwischenordnung Gekkota (Geckoartige)

Überfamilie Eublepharoidea (Lidgeckos)
Familie Eublepharidae (Gewöhnliche Lidgeckos)
Unterfamilie Aeluroscalabotinae (Katzenaugen-Lidgeckos)
Unterfamilie Eublepharinae (Eigentliche Lidgeckos)

Überfamilie Gekkonoidea (Brillengeckos)
Familie Pygopodidae (Flossenfußartige)
Unterfamilie Diplodactylinae (Doppelfingergeckos)
Unterfamilie Pygopodinae (Eigentliche Flossenfüße)
Familie Gekkonidae (Gewöhnliche Geckos)
Unterfamilie Teratoscincinae (Wundergeckos)
Unterfamilie Gekkoninae (Eigentliche Geckos)

schem oder subtropischem Klima. Da gibt es Gattungen, die endemisch auf einem Kontinent, einer Insel oder Inselgruppe leben und solche, die so anpassungsfähig waren, dass sie sich über mehrere Kontinente verbreiten und etablieren konnten, waren die klimatischen Bedingungen günstig und das Nahrungsangebot adäquat. Es gibt Kulturfolger, die in unmittelbarer Nähe etwa in Gärten (manche Taggeckos) oder sogar in den Häusern (Hausgecko, Tockeh) menschlicher Siedlungen leben, wie Arten, die nur in ihren ursprünglichen Biotopen überleben können. Geckos kommen in allen Landschaften von der Wüste bis zum Regenwald vor, wo sie wiederum unterschiedlichste Kleinstlebensräume besiedeln. Der Kleinstlebensraum kann ein Baumabschnitt sein, der Teil eines Felsens oder eine Mauer. Viele Bodenbewohner graben Höhlen in den Boden, die sie zu Ruhezeiten und zu ihrem Schutz immer wieder aufsuchen. Manche Geckos leben in Sträuchern und sogar zwischen Falllaub im Unterholz.

Körperbau

Von den schlanken Winzlingen der Kugelfingergeckos (*Sphaerodactylus*) – sie sind je nach Art mit etwa fünf Zentimetern Gesamtlänge ausgewachsen – bis zu den neukaledonischen Riesengeckos, die immerhin an die 60 Zentimeter groß werden können und kräftig gebaut sind, findet man Arten unterschiedlichster Größe und Gestalt. Während Taggeckos in unseren Augen allesamt von harmonischer Gestalt sind, haben dämmerungs- und nachtaktive Geckos häufig besonders eigenartige Formen mit sehr ungewöhnlichen Proportionen ausgebildet.

Besonders variantenreich sind die **Fußformen** bei Geckos, genauer gesagt: die Zehenformen. Etliche Gattungsnamen haben die Endung »dactylus« (Finger), so etwa *Pthyodactylus* (Fächerfingergecko), *Stenodactylus* (Engfingergecko) und viele andere. Dass zahlreiche Geckos an senkrechten glatten Flächen oder sogar kopfüber an Gewölben entlanglaufen können, hängt damit zusammen, dass sie über **Haftorgane** verfügen – Haftpolster oder auch Haftlamellen genannt. An den Unterseiten der Zehen, die sich von der Basis bis zur Spitze je nach Art mehr oder weniger deutlich verbreitern, befinden sich Schuppen (Subdigitalschuppen), auf denen unzählige Haftborsten sitzen, die so winzig sind, dass man sie nur durch ein Elektronenmikroskop erkennen kann.

Die Abbildung zeigt den Fuß einer Phelsume von unten. Sitzen die Tiere an der Frontscheibe des Terrariums, kann man aus kurzer Entfernung ihre Haftlamellen gut erkennen.

Das Festhaften auf einer Unterlage erfordert keinerlei Kraftaufwand, sondern ist ein physikalischer Vorgang, der durch Adhäsion (Aneinanderhaften zweier Stoffe oder Körper) erfolgt. Je glatter die Oberfläche ist, auf die der Fuß gesetzt wird, desto lückenloser sind die Verbindungen der Moleküle des Haftapparates mit denen der Oberfläche. Deshalb haften die Füße auf glattem Untergrund fester als auf rauen Oberflächen. Um den Fuß von der Unterlage lösen zu können, biegt das Tier zuerst die Zehenspitzen nach oben und rollt dann den Fuß von der Unterlage ab. Bei sehr langsamen Bewegungen kann man diesen Vorgang beobachten. Viele Geckos mit Haftpolstern haben nur kurze Krallen, bei manchen fehlen sie ganz.

Die Haftorgane sind empfindlich. Sind sie nass oder verschmutzt, ist ihre Funktion stark eingeschränkt oder verhindert. Haftzeher suchen selten den Boden auf. Treten sie in etwas Nasses, spüren sie das sofort und rollen die Zehenspitzen nach oben, um die Haftlamellen zu schützen.

Die meisten **Bodenbewohner** und solche, die nur wenig und hauptsächlich in Bodennähe an Steinen oder niedrigem Gesträuch klettern, haben keine Haftpolster, sondern verfügen über gut ausgebildete **Krallen**, mit denen sie sich am Untergrund festhalten und außerdem im Boden graben können. Der Aufbau der Zehen und Krallen kann je nach Lebensweise auf lockerem Wüstensand, festerem Lehm, steinigem Untergrund oder feuchtem Erdreich sehr unterschiedlich sein.

Foto gegenüber: Primärwald auf Ost-Madagaskar. Hier sind mehrere Tag- und Nachtgeckos heimisch.

Die meisten nachtaktiven Geckos sind durch ihre Zeichnung und Färbung gut getarnt. Hier ein *Cyrtodactylus-pulchellus*-Weibchen.

Nur wenn es sich nicht vermeiden lässt, sollten Geckos mit der Hand gegriffen werden. Dabei darf man sie niemals am Schwanz festhalten.

Der **Schwanz** eines Geckos, der an Bäumen, Felsen oder in Sträuchern lebt, ist meist mindestens so lang wie der übrige Körper und dient der **Balance** beim Klettern. Außerdem können sich die Tiere damit abstützen, indem sie ihn an die Unterlage pressen, auf der sie sitzen. Manche haben Haftborsten an der Unterseite des Schwanzes im Schwanzwurzelbereich oder der Spitze. Wenige Arten besitzen einen Greifschwanz (Neuseeländischer Grüner Baumgecko, Neukaledonische Geckos) zum Klettern im Gezweig. Der Schwanz ist bei vielen Boden bewohnenden Arten kürzer, manchmal sogar nur rudimentär als kurzes flaches Anhängsel oder knopfförmiges Gebilde vorhanden (australische Knopfschwanzgeckos, manche *Rhacodactylus-* und *Uroplatus*-Arten).

Bei fast allen Geckos werden im Schwanz **Fettreserven** gespeichert, von denen die Tiere in nahrungsarmen Zeiten oder in der Winter- beziehungsweise Sommerruhe zehren können.

Über die Länge des Schwanzes verteilt befinden sich mehrere, so genannte **Sollbruchstellen** (Hohlräume zwischen den Wirbeln). Alle Geckos sind in der Lage, ihren Schwanz oder ein Stück davon an diesen Stellen abzuwerfen (Autotomie), wenn sie ergrif-

Der Schwanz eines Geckos besteht aus ringförmigen Segmenten, die in der Zeichnung übertrieben dargestellt sind.

Oben: Der Schwanz eines Leopardgeckos. Die Rübenform wird umso deutlicher, je mehr Fettreserven gespeichert wurden.
Mitte: Der Schwanz einer Phelsume.
Unten: Geckoschwanz mit Regenerat.

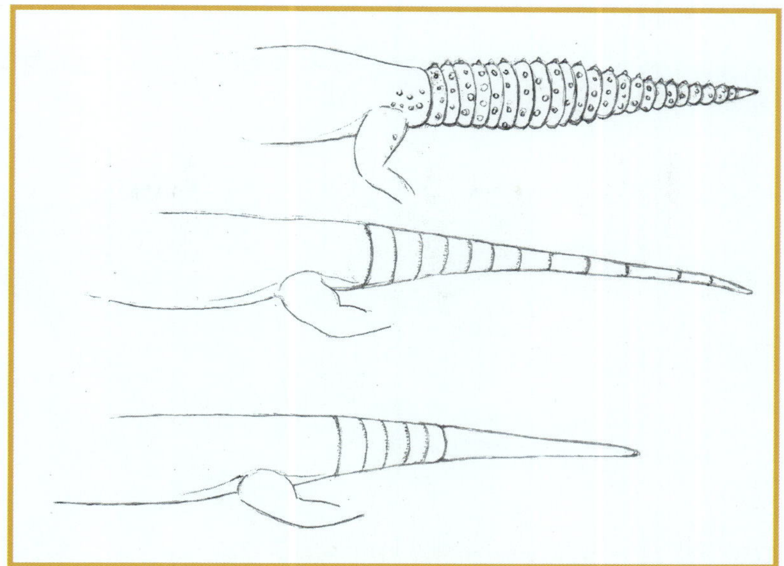

fen werden. So versuchen die Tiere – manche schon bei wenig fester Berührung – einem Feind zu entkommen. Wie man es von den Eidechsen her kennt, zappelt der abgeworfene Schwanz noch eine Weile und erregt die Aufmerksamkeit des Fressfeindes, während der Gecko fliehen kann. Die Wunde verheilt im Allgemeinen schnell und der Schwanz wächst nach. Das **Schwanzregenerat** ist einfarbig graubraun und kürzer als der Originalschwanz.

Lepis heißt Schuppe und taucht in einigen Gattungsnamen wie *Lepidodactylus* (Schuppenfingergecko) oder *Geckolepis* (Fischschuppengecko) auf.

Haut, Beschuppung und Färbung

Die **Reptilienhaut** besteht aus mehreren Schichten, die **Oberhaut** (Epidermis) wiederum aus mehreren Zellschichten. Aus den unteren Schichten der Oberhaut gehen ständig neue Hautzellen hervor, die in der äußersten Schicht verhornen und das **Schuppenkleid** bilden. Bei Geckos besteht es aus kleinen nebeneinanderliegenden Granularschuppen oder/und dachziegelartig übereinander angeordneten Schuppen, die in ihrer Ausformung variieren können. Größere glatte Schilder findet man am Kopf als Nasen- und Lippenschilder, außerdem in der Kinngegend. Taggeckos der Gattung *Phelsuma* haben oberseits Granularschuppen, die Unterseite ist meist mit schindelartigen Schuppen bedeckt. Tuberkelschuppen können am Kopf, Rumpf, Gliedmaßen und am Schwanz verteilt sein. Manche dämmerungs- und nachtaktiven

Die alte Haut ist der Länge nach aufgerissen und wird sich nun innerhalb weniger Minuten lösen.

Geckos haben verstreut oder in Reihen angeordnete Stachel- und Höckerschuppen, die sich vom übrigen Schuppenkleid abheben.

Die äußere Beschuppung ist starr und kann nicht mit dem Tier wachsen. Sie wird bei der **Häutung** abgestoßen. Jungtiere häuten sich in der Hauptwachstumsphase sehr oft. Reptilien hören nie ganz auf zu wachsen, doch verlangsamt sich das Wachstum mit dem Eintritt der Geschlechtsreife deutlich und sie häuten sich dann in größeren Zeitabständen. Vor der Häutung verblassen die Farben, die Haut wird hellgrau bis weiß. Dann streifen die Tiere die alte Haut (Exuvie) an rauen Gegenständen ab. Hautreste an Zehen und Schwanz ziehen sie mit der Schnauze ab. Gesunde Geckos häuten sich vollständig innerhalb eines kurzen Zeitraumes von mehreren Minuten bis einigen Stunden. Meistens fressen sie die alte Haut auf. Zeichnung und Färbung wirken bei frisch gehäuteten Tieren immer besonders klar und prächtig.

Wenn nach der Häutung Reste verbleiben, die auch nach wenigen Tagen noch anhaften, ist das bei Geckos ein Zeichen dafür, dass etwas nicht stimmt. Mangelnde Luftfeuchtigkeit im Terrarium kann die Ursache sein. Ein weiterer Grund ist nicht selten ein Vitamin- und Mineralstoffmangel. Näheres dazu im Kapitel »Ernährung und Pflege«, sowie »Krankheiten«.

Die **Lederhaut** (Dermis), bestehend aus Bindegewebe und Muskulatur, liegt unter der Oberhaut. Sie enthält unter anderem Pigmentzellen in mehreren Schichten mit unterschiedlichen Funktionen. Sie steuern das Aufhellen und Abdunkeln beziehungsweise den Farbwechsel, der von der Lichtintensität, Temperatur und Stimmungslage (Imponiergehabe, Tarnung, Balz) abhängt. Auch ihre Zeichnung können Geckos verändern, manche sind fähig sich zu tarnen, indem sie die Färbung und das Muster des Untergrundes (Sand, Baumrinde, Blätter) nachahmen. Während Phelsumen den Betrachter mit ihren strahlenden **Farben** faszinieren, sind die dämmerungs- und nachtaktiven Geckos mit ihren ausgesprochen hübschen und vielfältigen **Zeichnungsmustern** in unterschiedlichsten Braun- Gelb und Grautönen nicht weniger eindrucksvoll.

Unter den dämmerungs- und nachtaktiven Geckos gibt es Lid- und Brillengeckos. Alle tagaktiven Arten sind Brillengeckos.

Sinnesorgane

Geckos nehmen ihre Umgebung hauptsächlich über die **Augen** wahr, auch für die dämmerungs- und nachtaktiven Tiere ist der Sehsinn der wichtigste Sinn. Sie besitzen wie alle Wirbeltiere zwei Linsenaugen. Nachtaktive Geckos haben **Schlitzpupillen**, die tagsüber zu einem schmalen senkrechten Spalt geschlossen werden können. Die empfindlichen Sehorgane werden so vor zu viel Lichteinfall geschützt. Die Iris ist gold- oder brauntonig und zeigt bei vielen Arten wunderbare Maserungen und andere Muster. Mit zunehmender Dunkelheit öffnet sich der Spalt, bis die große schwarze Pupille das ganze Auge ausfüllt. Taggeckos haben **kreisrunde Pupillen**, die sich – je nach Lichteinfall – vergrößern, beziehungsweise bis zu einem gewissen Grad verkleinern können.

Bei kühleren Temperaturen und in der Nacht können Geckos ihre Farben abdunkeln. Bei einigen Arten ist die Färbung in der Nacht aber auch heller als am Tag. Eine länger andauernde starke Dunkelfärbung während des Tages deutet auf Unwohlsein hin, besonders wenn das Tier auffallend ruhig ist und kaum oder gar nicht frisst. Eine Erkrankung, Haltungsfehler oder die Präsenz eines stärkeren Artgenossen, dem das Tier nicht ausweichen kann, können die Ursache dafür sein.

Bei den **Brillengeckos** sind die **Augenlider** miteinander verwachsen, die Tiere können die Augen nicht schließen. Über der Linse liegt schützend – so wie bei Schlangen – eine durchsichtige, starre Schuppe, die zusammen mit der übrigen Beschuppung bei der Häutung abgestoßen, beziehungsweise vor der Häutung neu gebildet wird. Die Tiere fahren oft mit der Zunge über die Augen, um sie zu säubern. Arten, die zur Familie der **Lidgeckos** (Eublepharidae) gehören, haben bewegliche Augenlider. Sie schließen sie während des Schlafes oder zum Schutz vor Fremdkörpern. Taggeckos können Farben sehen, was logisch erscheint, denn viele sind leuchtend bunt gefärbt.

Wie alle Reptilien, mit Ausnahme der Panzerechsen und Schildkröten, haben auch Geckos zwei Riechorgane. In den **Nasenhöhlen** liegen Riechzellen, die mit dem Riechnerv verbunden sind. Ein zweites, sehr wichtiges Geruchsorgan ist das **Jacobson'**

Brillenauge mit runder Pupille wie sie bei Taggeckos veranlagt ist.

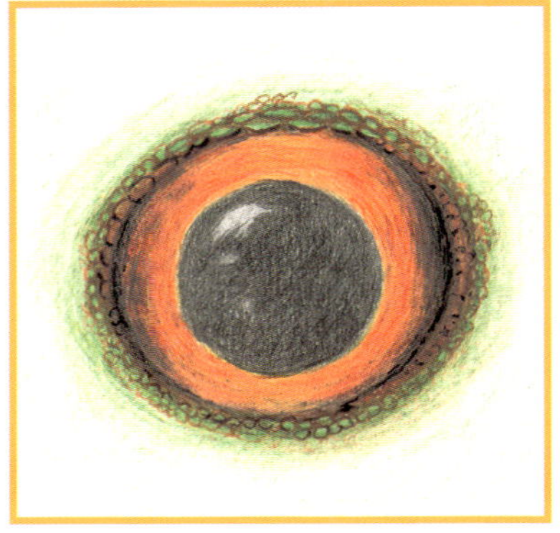

sche Organ. Es sitzt im Gaumendach und ist paarig angelegt. Duftstoffe werden beim Züngeln mit der zweizipfeligen Zungenspitze dorthin transportiert. Schlangen und viele Echsen nehmen hauptsächlich mit dem Züngeln über das Jacobson'sche Organ Duftstoffe auf. Bei Geckos hingegen kann man beobachten, dass sie Gegenstände oder Futter häufig nur mit der Nase intensiv beriechen.

Geckos sind zu **Lautäußerungen** befähigt. Das Spektrum nachtaktiver Arten reicht vom leisen Zwitschern kleinerer Tiere bis hin zu den lautstarken Rufen der grösseren, die über weite Entfernungen hörbar sind. Die Rufe, die mitunter recht differenziert sein können, dienen der Kommunikation untereinander. Männchen locken auf diese Weise Weibchen an und weisen sich als Besitzer eines Revieres aus. Taggeckos stoßen allenfalls leise Quietsch- und Schnalzgeräusche als Drohung, Abwehr oder während der Balz aus. Seitlich am Hinterkopf kann man die **Ohröffnungen** sehen, in deren Vertiefungen das Trommelfell vor dem Innenohr sitzt. Das Hörvermögen ist gut ausgeprägt.

Nachtgeckos haben Schlitzpupillen (bei manchen Arten ist der Irisrand gelappt) Die meisten haben Brillenaugen.

Während der Trächtigkeit, wenn die Eier ausgebildet werden, haben Weibchen einen erhöhten Kalziumbedarf. Phelsumen und einige andere Geckos können Kalziumkarbonat in den so genannten **Kalksäckchen** (Endolymphatischer Apparat) speichern. Je nach Ovulationszyklus und Versorgung des Tieres mit Kalzium in der Nahrung sind die

Lidgeckos haben bewegliche Augenlider und Schlitzpupillen (hier mit geradem Irisrand).

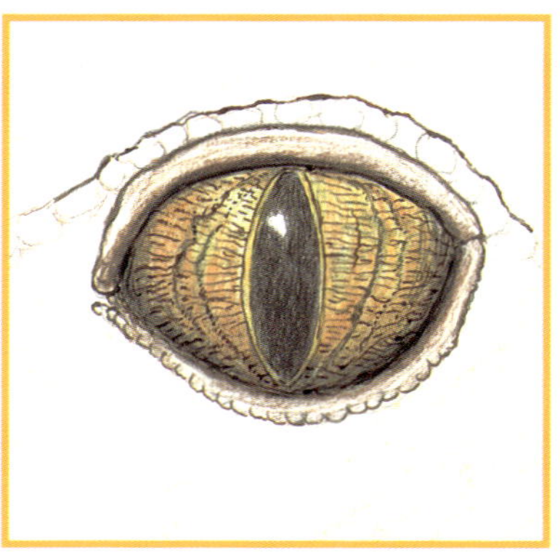

Ausbuchtungen direkt hinter den Ohröffnungen klein oder deutlich geschwollen.

Lebenserwartung

In ihrer natürlichen Umgebung haben Geckos – wie andere Tiere, die zum Nahrungsspektrum größerer gehören – im Allgemeinen keine so hohe Lebenserwartung wie die im Terrarium behüteten Pfleglinge. In erster Linie entscheidet die Qualität der Haltungsbedingungen darüber, ob sie in unserer Obhut gesund bleiben und ein hohes Alter erreichen. Selbst kleine Tiere wie die der Gattung *Stenodactylus* (sieben Zentimeter Gesamtlänge) haben eine Lebenserwartung von etwa sechs Jahren, die größeren Leopardgeckos können 20 bis 25 Jahre alt werden, große Phelsumen 15 bis 20 Jahre, kleinere Arten bis zu sieben Jahren. Die Weibchen von *Paroedura picta* produzieren eine überdurchschnittlich große Anzahl von Gelegen während ihrer zwei- bis vierjährigen Lebensdauer. Überhaupt werden Weibchen durch die Eiproduktion stärker strapaziert als Männchen und sterben oft auch früher.

Die meisten dämmerungs- und nachtaktiven Geckos sind stimmbegabt und lassen ihre Rufe am Abend und in der Nacht, in der Paarungszeit manchmal auch am Tage hören. Die Lautfolgen kleiner Tiere sind aber leise und niemals störend.

Geckoterrarien und Zubehör

Vorige Doppelseite:
Zwerg-Wundergecko

Geckoterrarien und Zubehör

Bei der Auswahl und Einrichtung eines Terrariums sind immer die speziellen Ansprüche der Art maßgeblich, die darin leben soll. Nehmen Sie sich vor dem Kauf der Geckos viel Zeit mit den Vorbereitungen, denn die Tiere werden sich umso schneller eingewöhnen, je wohler sie sich von Anfang an in ihrer neuen Behausung fühlen. Später sollte an der Einrichtung und Technik zur Regulierung des Klimas möglichst wenig verändert werden müssen.

Das Terrarium

Wer mit der Pflege einer kleineren Art beginnt, kauft meistens ein passendes Terrarium aus dem **Zoofachhandel**. Die Qualitätsunterschiede sind groß und Vergleiche lohnen sich.

Für **Bodenbewohner** ist in erster Linie die Größe der Grundfläche wichtig. Bei einem hohen Terrarium müsste ungenutzter Raum beheizt und beleuchtet werden. Allerdings brauchen Bodenbewohner eine dicke Erd- oder Sandschicht, in die sie ihre Wohnhöhlen graben können. Der **Bodenteil** des Terrariums sollte deshalb nicht zu flach sein, sonst fällt ständig das Bodensubstrat durch das Lüftungsgitter heraus. Für Bodenbewohner eignet sich ein **Aquarium** sehr gut, das sich zu einem Terrarium umfunktionieren lässt, indem man es mit einem rundherum dicht schließenden Leistenrahmen, der mit Drahtgaze bespannt wird, abdeckt. Die gesamte Abdeckung muss luftdurchlässig sein.

Diese Lösung ist für **Baum- und Strauchbewohner** nicht geeignet; sie brauchen eine hohes Terrarium mit zwei versetzt angebrachten Lüftungsflächen, damit keine Stickluft entsteht. Es

Ein Terrarium muss gut durchdacht und vorbereitet werden. Dabei stellen sich folgende Fragen:
Wie groß muss (darf) das Terrarium sein und welche Proportionen soll es haben?
Wo kann das Terrarium dauerhaft aufgestellt werden?
Mit welchen Einrichtungsgegenständen und Bodengrund wird man der Lebensweise der Tiere gerecht?
Wie soll es bepflanzt werden?
Mit welchen technischen Hilfsmitteln wird das entsprechende Klima erzeugt?

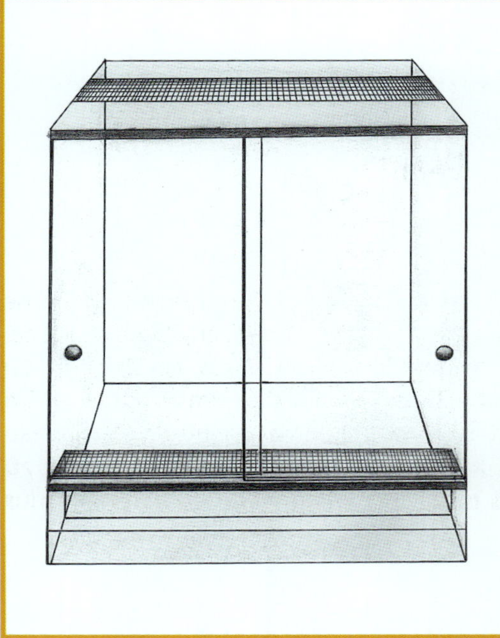

Terrarium mit verschiebbaren Frontscheiben und zwei Lüftungsflächen.

ist sinnvoll wenn sich die **untere Lüftung**, durch die Luft hineinströmt, direkt unter den Frontscheiben befindet, so beschlagen sie auch bei hoher Luftfeuchtigkeit nicht. Die Terrarienluft zieht durch die **obere Lüftung** ab, die am besten in die Deckscheibe eingearbeitet und nicht zu schmal sein sollte. So kann man Beleuchtungskörper, die gleichzeitig Wärme abstrahlen, außerhalb des Terrariums dicht über dem Lüftungsgitter positionieren.

Falls eine hohe Luftfeuchtigkeit erwünscht ist, kann man die obere Lüftungsfläche immer noch durch Auflegen kleinerer Glasscheiben verkleinern. Die untere Lüftungsfläche sollte schmaler sein als die obere, damit die Luft langsam hereinströmt und keine **Zugluft** entsteht, die den Tieren ebenso wie **Stickluft** schaden würde. Die Lüftungsflächen sind entweder mit Kunstoff-, Drahtgaze oder Aluminium-Lochblech bespannt. Metall ist Kunststoff vorzuziehen, weil es sich besser reinigen lässt, von Futterinsekten nicht angefressen werden kann und hitzebeständig (Lampen) ist. Die Lochung sollte so fein sein, dass auch winzige Futterinsekten nicht hindurch gelangen können.

Ein Fertigterrarium für größere Tiere ist im Fachhandel nicht ganz billig oder gar nicht zu bekommen. In diesem Falle sind Sie am besten bei einem **Terrarienbauer** (Inserate in Fachzeitschriften) aufgehoben, der Sie vor der Anfertigung berät und Ihnen ein

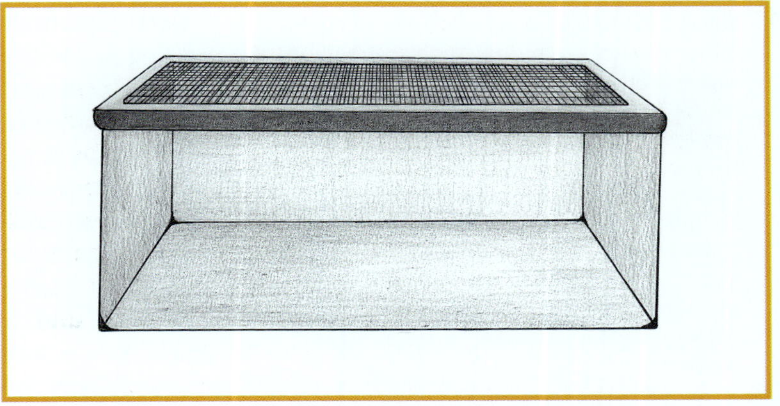

Umfunktioniertes Aquarium mit Drahtgazeabdeckung für Bodenbewohner.

Terrarium mit feuchtwarmem Klima für kleine Baum- und Strauchbewohner, FBa1.

Terrarium nach Maß baut. Wer handwerklich geschickt ist und das nötige Werkzeug besitzt, kann die Terrarien auch selbst bauen (Literaturhinweise am Schluss des Buches). Im Folgenden sollen dazu nur ein paar Hinweise gegeben werden.

Terrarien sollten auf einen Unterbau (Tisch, Kommode) gestellt werden und nicht direkt auf den Boden, weil sich die Tiere sicherer fühlen, wenn sie uns aus Augenhöhe beobachten können. Steht das Terrarium direkt am Fenster, überhitzt sich die Luft schnell, wenn die Sonne hereinscheint, und die Tiere könnten einen Hitzschlag erleiden. Außerdem darf beim Lüften im Winter die Kaltluft nicht direkt ins Terrarium ziehen. Durchgänge sind als Aufstellungsort ungeeignet. Hier gibt es zu viel Unruhe durch Menschen, die unmittelbar am Terrarium vorbeigehen, so dass die Tiere schreckhaft werden.

Tischlerplatte eignet sich, wenn Rück- und Seitenwände eines Terrariums aus Holz gebaut werden sollen. Innenanstriche mit **Acryllack** (wasserverdünnbar) isolieren das Holz gegen eindringende Feuchtigkeit. Vorsicht, Kunstharzlacke, die Lösungsmittel enthalten, dämpfen auch in getrocknetem Zustand Substanzen aus, die für Reptilien giftig sind. Überhaupt dürfen keine Materialien ins Terrarium gebracht werden, die giftige Stoffe enthalten. Zum Verkleben von Glas sollte man in jedem Fall nur **aqua-**

rientauglichen Silikonkautschuk (auf Essigsäurebasis) verwenden, er ist vielseitig einsetzbar, etwa zum Fixieren von Gezweig oder Rückwandverkleidungen an Glas oder Holz, außerdem kann man damit Fugen abdichten. Andere Silikone für den Sanitärbereich enthalten schädliche Substanzen (Fungizide etwa) und sind nicht geeignet.

Wenn der Spalt zwischen den gegeneinander verschiebbaren Frontscheiben so breit ist, dass kleine Futterinsekten oder Junggeckos hindurchgelangen könnten, kann man auf eine Scheibe einen Streifen Tesa-Moll-Band kleben.

Die verschiedenen Terrarien und ihre Einrichtung

Terrarien mit feuchtwarmem Klima für Baum- und Strauchbewohner

Durch die Art der Einrichtung schafft man besonnte und halbschattige Plätze sowie Bereiche, die vollständig im Schatten liegen. Die **Äste** und **Zweige** sollten unterschiedliche Stärken haben. Haftzeher sitzen gern auf glatten Oberflächen, Baumbewohner ohne Haftlamellen brauchen raurindige Hölzer, an denen

Feuchtterrarium für mittelgroße Baum und Strauch bewohnende Geckos, FBa2.

Feuchtterrarium für große Baum bewohnende Geckos, FBa3.

Alle Einrichtungsgegenstände werden mit klarem Wasser abgebraust, bevor man sie ins Terrarium einbringt. Anhaftenden Schmutz schrubbt man dabei mit einer Bürste ab.

Rück- und Seitenwandverkleidungen bieten den Geckos zusätzliche Laufflächen; außerdem fühlen sich die Tiere sicherer.

ihre Krallen Halt finden. Äste von Obstbäumen oder Rebhölzer eignen sich gut, man muss sich aber vergewissern, dass sie nicht mit Insektiziden gespritzt worden sind. Nadelhölzer sollte man nicht verwenden, es kann Harz austreten, das die empfindliche Haut und die Füße der Tiere verklebt. Ansonsten haben Sie bei der Wahl der Holzarten freie Hand. Für Phelsumen setzt man oft **Bambusrohre** in der Terrariendekoration ein. Die Tiere halten sich gern daran auf und die Weibchen setzen ihre Gelege in diesen Röhren ab. Auf den Boden können kleine Wurzel- und Rindenstücke gelegt werden.

Eine **Rück- und Seitenwandverkleidung** kann im Gegensatz zu kahlen Glasflächen strukturiert und bepflanzt werden. **Korkmatten** (Heimwerkermärkte) lassen sich auch in kleineren Terrarien leicht einpassen. Nehmen Sie nur gepresste Ware. Ausdünstungen von Korkleim sind auf die Dauer für Reptilien schädlich. Das gleiche gilt auch für die stärkeren **Dachdeckerkorkplatten**

Wüstenterrarium für Bodenbewohner, WB. Damit Rück- und Seitenwände in einem Terrarium für reine Bodenbewohner nicht so kahl aussehen, kann man Kartons bemalen, die von außen gegen die Scheiben gesetzt werden.

(Baumärkte), die sich hervorragend für mittelgroße bis große Terrarien eignen. Mulden lassen sich mit einem Messer einarbeiten, mit Erde auffüllen und bepflanzen. **Kokosfasermatten** (Zoofachhandel) können mit einer scharfen Schere zurechtgeschnitten werden. Danach sollten aber die Ränder eingefasst oder mit Silikonkautschuk verklebt werden, weil sich sonst die einzelnen Lagen an den Schnittkanten voneinander lösen. Beim Einpassen und Fixieren von Rückwänden achtet man darauf, dass keine Fugen zwischen Terrarienwandung und Verkleidung bleiben, hier nisten sich sonst Futterinsekten ein. Auch die Geckos können sich abflachen und gelangen durch enge Spalten. Es erschwert die Kontrolle, wenn sich Tiere hinter der Rückwand aufhalten. Verkleidungen aus **Rindenstücken** oder Korkeichenrinde (Zoofachhandel) sehen sehr hübsch und natürlich aus, es ist allerdings aufwändig, die Einzelteile lückenlos einzupassen.

Als **Bodengrund** im Feuchtterrarium kann Blumenerde (ohne Düngestoffe und Insektizide!) oder Torf verwendet werden. Torf hält die Feuchtigkeit besser, wenn er mit Sand gemischt wird. In erdigen Substraten bilden sich nach ein paar Wochen Kulturen, die für ein gesundes Bodenklima sorgen. Tritt in der ersten Zeit Schimmel auf, so ist er sofort zu entfernen. Für Geckos, die ihre Gelege im Boden vergraben, muss

> Indem man morgens und abends Wasser im Terrarium versprüht, erhöht man die Luftfeuchtigkeit. Im Laufe der Zeit bekommen Sie das Fingerspitzengefühl für die richtige Menge; der Erdboden darf auf keinen Fall versumpfen. Man nimmt Leitungswasser und lässt es einen Tag bei Zimmertemperatur abstehen. Sprühflaschen sind in verschiedenen Ausführungen in Gartenmärkten erhältlich, besonders praktisch sind Drucksprühgeräte.

Trockenterrarium für Baumbewohner, TBa.

die **Erdschicht** an einigen geschützten Stellen hoch genug sein. Sand allein eignet sich für ein Feuchtterrarium, wo ja der gesamte Bodengrund feucht gehalten wird, nicht. Er verdichtet schnell, und es kann sich in ihm kein gesundes Klima einstellen. Die Ausbreitung von Bakterien schreitet bei feuchtwarmen Klima rasch voran. Für Geckos, die ihre Gelege nicht im Boden vergraben (Phelsumen), sondern an höher gelegenen Plätzen absetzen, kann man auch **Aquarienkies** nehmen.

Wüsten- und Trockensteppenterrarien: Um eine nächtliche Abkühlung zu erreichen, schaltet man außer den Lampen auch die Heizquellen im Terrarium abends aus.

Wüsten- und Trockensteppenterrarien

Die meisten Geckos, die in Wüsten leben, sind Boden bewohnend sowie dämmerungs- und nachtaktiv. Sie suchen morgens selbstgegrabene Höhlen auf, in denen es kühl und leicht feucht ist oder verstecken sich unter Sträuchern und Steinen. Geschützt vor der Hitze verbringen sie hier den Tag. In der Dämmerung verlassen sie ihren Unterschlupf und begeben sich auf Nahrungssuche.

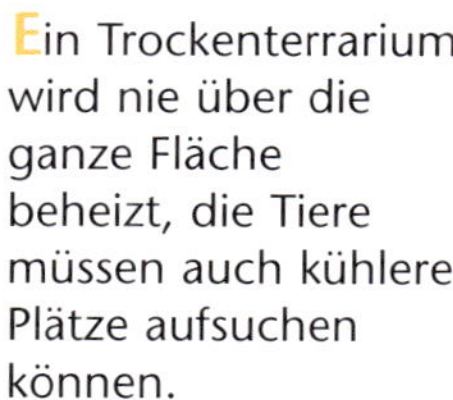

Ein Trockenterrarium wird nie über die ganze Fläche beheizt, die Tiere müssen auch kühlere Plätze aufsuchen können.

Das **Bodensubstrat** wird in einer dicken Schicht ausgelegt. Die Höhe der Sandschicht sollte für kleine Arten (*Coleonyx brevis* oder *Stenodactylus*) mindestens sieben Zentimeter betragen, für größe-

Trockensteppenterrarium für Bodenbewohner, TB.

re Arten entsprechend mehr. Eine Ecke hält man ständig leicht feucht. Diese Stelle wird nicht beheizt. Wenn man in die Ecken des Terrariums Kunststoffröhrchen (Aquaristikbedarf) aufrecht in den Boden steckt und regelmäßig tropfenweise etwas Wasser einfüllt, kann die untere Sandschicht feucht gehalten werden, während die oberen Schichten trocken bleiben. Mittelfeiner bis grober **Aquariensand** – sehr feiner Sand staubt stark – ist gut geeignet, selbstverständlich auch die verschiedenen **Terrariensande**. In einem kiesigen Boden können die Tiere keine Höhlen graben. Sand vermischt mit feingesiebtem Lehm gibt gegrabenen Höhlen Stabilität, wenn sie stets leicht feucht gehalten werden.

Die Luftfeuchtigkeit und der Niederschlag müssen ein bis zwei Stunden nach dem Einschalten der Beleuchtung und Heizung verdunstet sein. Deshalb ist eine gute Belüftung im Trockenterrarium besonders wichtig.

In Wüsten und Trockensteppen kann die **Luftfeuchtigkeit** abends um bis zu 100 Prozent ansteigen, und es wird kühler. Nachdem Beleuchtung und Heizung des Terrariums abends abgeschaltet worden sind, versprüht man Wasser, um eine höhere Luftfeuchtigkeit zu erreichen.

Viele Geckos decken ihren Flüssigkeitsbedarf, indem sie Sprühwassertropfen trinken. Durch morgendliches Sprühen ahmt man die Taubildung nach.

Das **Wüstenterrarium** wird mit einigen leicht gewölbten Steinen eingerichtet, unter denen sich die Tiere verstecken können.

Terrarium für Geckos aus felsigen Regionen, FW.

Die **Steine** müssen einsturzsicher auf den Terrarienboden gesetzt werden, so dass die Geckos sie nicht vollständig untergraben können. Statt Steinen kann man auch Korkeichenrinde (Zoofachhandel) oder Wurzelstücke nehmen. Im **Trockensteppenterrarium** wird die Einrichtung im Allgemeinen stärker strukturiert, es kann mit Steinaufbauten, Wurzeln, knorrigen Äste und Korkröhren eingerichtet werden.

Geckos sind wie alle Reptilien wechselwarm. Sie haben keine konstante Körpertemperatur wie Säugetiere und Vögel, sondern nehmen die Temperatur an, die sie umgibt. Ein Reptil muss sich auf eine bestimmte Temperatur, die artspezifisch veranlagt ist, aufwärmen um aktiv werden zu können. Auch Stoffwechselvorgänge wie das Verdauen von Nahrung können bei Reptilien nur unter bestimmten Temperaturen ablaufen. Ist es zu kalt, kommt die Verdauung zum Erliegen, ist es zu warm, arbeitet der Organismus ständig hochtourig und kollabiert frühzeitig. Selbst dämmerungs- und nachtaktive Geckos nehmen mitunter gern Sonnenbäder, liegen auf Steinen, die Sonnenwärme gespeichert haben, oder auf warmem Sand. Viele Taggeckos nehmen ihre Sonnenbäder am Vor- und Nachmittag und ziehen sich in der Mittagshitze in den Schatten zurück.

Felswüstenterrarien

Handelt es sich bei den Geckos um Haftzeher, kann auch Gestein mit glatten Oberflächen – Schiefer beispielsweise – Verwendung finden. Um verschiedene Ebenen einbauen zu können, braucht man eine Grundfläche mit ausreichender Tiefe. Auch die Höhe sollte nicht zu knapp bemessen sein, damit vertikale Felswandabschnitte eingebaut werden können.

Solche Steinaufbauten müssen fest miteinander verbunden werden. Dazu eignet sich Aquarienmörtel (Zoofachhandel), der aber mit wasserfestem Leim (in getrocknetem Zustand unbedenklich) gemischt werden sollte, damit der Mörtel die nötige Festigkeit bekommt. Die noch feuchte Mischung kann mit Sand bestreut werden, dann sieht der Aufbau natürlicher aus. Zement

Lampen kann man direkt über einem Lüftungsgitter aus Drahtgaze oder Lochblech anbringen.

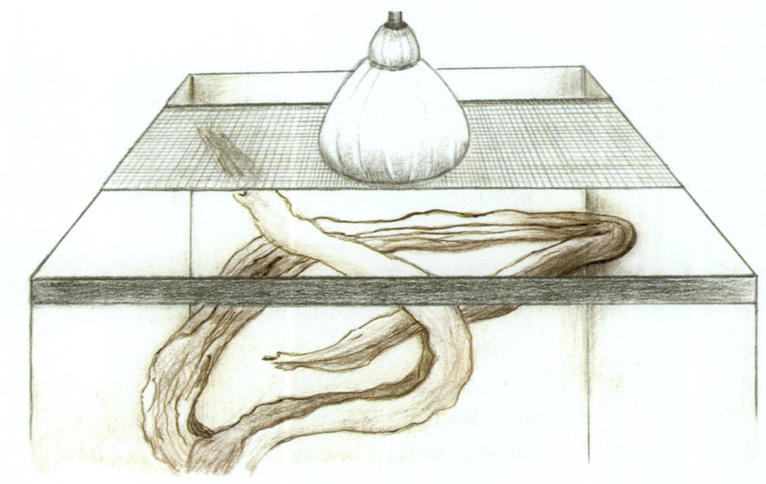

Bodenheizungen, die viel Wärme (Trockenterrarien) erzeugen, dürfen nie über die gesamte Grundfläche verlegt werden. Die Geckos müssen in kühlere Bereiche ausweichen können.

erfordert besondere Nachbehandlungen (Auslaugen, Wässern), bevor man ihn bedenkenlos ins Terrarium bringen kann. Mit Aquarien-Silikonkleber können ebene Oberflächen – Schieferplatten mit Glas oder Holz – zusammengefügt werden.

Die Einrichtung muss Verstecke wie Spalten und Höhlen im Gestein haben, jedoch für den Pfleger noch übersichtlich bleiben. Als Bodensubstrat nimmt man Sand.

Technische Hilfsmittel

Haftzeher gelangen überall hin! Lampen, besonders Wärme entwickelnde, dürfen für die Geckos nicht erreichbar sein. Sie können sich sonst daran verbrennen. Man bringt Wärmelampen besser außerhalb ihres Terrariums über dem Lüftungsgitter an.

Im Terrarium stellen wir das entsprechende Klima und die Lichtverhältnisse, die die Tiere benötigen, mit technischen Hilfsmitteln her. Der Zoofachhandel bietet allerlei Zubehör an, vieles gibt es auch im Elektrofachhandel.

Leuchtstoffröhren werden als Basisbeleuchtung eingesetzt, um im Terrarium die Tageshelligkeit herzustellen. Dabei kommt es auf den Röhrentyp an. Die Lampen sollen ein tageslichtähnliches Farbspektrum haben, viel Helligkeit abstrahlen und ihre volle Leistung möglichst lange abgeben. Einfache Röhren für den Hausgebrauch erfüllen diese Kriterien nicht. Auch normale Glühbirnen sind völlig ungeeignet. Leuchtstoffröhren mit der Bezeichnung »Lumilux de Luxe, day light« von Osram oder entsprechende Röhren anderer Hersteller kommen dem Tageslicht näher und strahlen auch heller. Sie müssen bei zwölfstündiger Brenndauer pro Tag erst nach zwei Jahren ausgetauscht werden. Zur Beleuchtung kleinerer Terrarien eignen sich auch so genannte **Energie-**

Wattstarke Heizkabel, die sehr heiß werden, müssen auf einer Platte aus nicht brennbarem Material (zum Beispiel Blech) verlegt werden. Bodenheizungen, die eine milde Wärme erzeugen, können auf einer Holzplatte fixiert werden. Das Terrarium wird auf den Leistenrahmen gestellt.

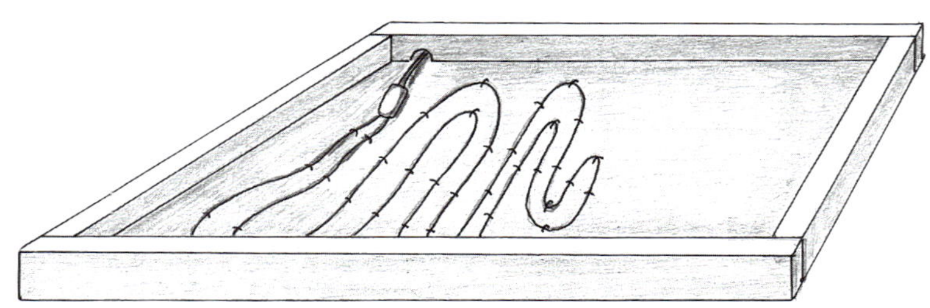

sparlampen, die es ebenfalls in verschiedenen Lichtfarben gibt. Mit **Concentra Reflektor Strahlern** – in unterschiedlichen Wattstärken im Elektrofachhandel erhältlich – kann man zusätzlich kleinere Bereiche ausleuchten und gleichzeitig Sonnenplätze erwärmen.

Schlüpflinge kleiner Geckoarten pflegt man in der ersten Zeit in kleinen Aufzuchtterrarien. Hier kann ein 25 Watt starker Concentra-Strahler (auch für die kleineren E14-Lampenfassungen erhältlich) ausreichen. Für mittelgroße und große Terrarien eignen sich zur Beleuchtung und Erwärmung auch Pflanzenlampen. Mit **Halogenstrahlern** kann man kleinere Bereiche ausleuchten. Nehmen Sie nur solche, deren Birnen durch ein Glas und somit vor Sprühwassertropfen geschützt sind.

Wenn ein Terrarium mit nachtaktiven Geckos an einem Platz steht, der nach Erlöschen der Terrarienbeleuchtung dunkel ist, so kann eine schwache blaue oder violette Leuchtstoffröhre oder Glühbirne eingeschaltet werden, damit man die Tiere während ihrer Aktivitätszeit beobachten kann.

Halogen-Metalldampflampen (=HQI) und **Quecksilberdampf-Hochdrucklampen** (= HQL) eignen sich für mittelgroße und große Terrarien, besonders wenn sie bepflanzt werden sollen. Halogen-Metalldampflampen liefern ein optimales künstliches Farbspektrum für Tiere und Pflanzen.

Messen Sie über einen Zeitraum von mindestens 24 Stunden die Temperaturen an verschiedenen Stellen im Terrarium. Sie können dann gegebenenfalls noch etwas verändern (den Abstand einer Lampe zu den Liegeplätzen etwa), bevor Sie die Tiere einsetzen.

Heizkabel und **Heizmatten** (in unterschiedlichen Wattstärken im Zoofachhandel erhältlich) werden als **Bodenheizung** eingesetzt. In einem Feuchtterrarium kann es sinnvoll sein, den Boden mit einem Heizkabel geringer Wattstärke im Ganzen milde zu erwärmen. Das kommt den Pflanzen und der Luftfeuchtigkeit zugute. Der Erdboden kann nicht so leicht versumpfen, weil durch die aufsteigende Wärme immer etwas Feuchtigkeit verdunstet. Der Boden in einem Wüsten- oder Trockensteppenterrarium muss an einigen Stellen hohe Temperaturen aufweisen.

Pflegt man grabende Geckos, sollte eine Bodenheizung unter dem Terrarienboden verlegt werden. Dabei wird das Heizkabel auf

Der Nestfarn gedeiht in warmem feuchten Klima, wo er jedoch nicht zu dunkel stehen sollte.

einer Platte verlegt, die die Wärme nach unten hin isoliert (Blech, Holzplatte mit Alufolie bedeckt, starke Glasplatte, zusätzlich mit Styroporunterlage). Das Terrarium wird auf Holzleisten gesetzt, so dass sich in dem schmalen Schacht die Luft erwärmt. Diese Methode ist jedoch nicht zwingend, Terrarien für Bodenbewohner lassen sich genau so gut mit Lampen von oben erwärmen. Die Hitzeentwicklung von oben ist eigentlich auch natürlicher.

Zur **UV-Bestrahlung** von tagaktiven Reptilien hat sich die Ultra-Vita-Lux-Lampe (300 Watt) von Osram seit langem bewährt (zu bestellen im Elektrofachgeschäft, Handhabung siehe »Pflege und Ernährung«). Die Lampe wird sehr heiß und sollte nur in einer Porzellanfassung betrieben werden.

Um den Tieren einen regelmäßigen Tages- und Nachtrhythmus zu ermöglichen, kann man Lampen und Heizungen an eine **Zeitschaltuhr** anschließen. Völlig ausreichend sind mechanische Modelle, die es preisgünstig im Elektrofachhandel gibt. Digital gesteuerte Zeitschaltuhren eignen sich, um **Beregnungs- oder Vernebelungsanlagen** (sie werden von manchen Firmen speziell für den Einatz am Terrarium hergestellt) auch mehrmals am Tag für einige Minuten ein- und ausschalten zu lassen.

In Gartenmärkten findet man unter den angebotenen Zimmerpflanzen auch zur Terrarienbepflanzung geeignete Gewächse. Davon kann hier nur eine kleine Auswahl vorgestellt werden. Die Pflanzen sollten mehrmals abgebraust werden, bevor Sie sie ins Terrarium einsetzen, um eventuelle Rückstände von Blattglanzmitteln, Insektiziden und Fungiziden zu entfernen.

Mit einfachen **Aquarienthermometern** (Zoofachhandel), die mit einem Sauger im Terrarium befestigt werden, kann man die Temperaturen an verschiedenen Stellen messen. Aufklebbare Folienthermometer sind zu unpräzise. Digitale Thermometer messen sehr genau, besonders praktisch sind digitale **Hygro-Thermometer**, die gleichzeitig die Luftfeuchtigkeit messen.

Künstliche **Brutglucken** (Inkubatoren) für Reptilieneier gibt es in verschiedenen Ausführungen und Preisklassen im Zoofachhandel. Für den Hobbyterrarianer ist das einfachste Modell der Firma Jäger gut geeignet. Die Heizspirale ist in die Abdeckung eingebaut, so dass die Wärme von oben kommt. Das ist deswegen vorteilhaft, weil – bei der Zeitigung von Gelegen, die in feuchtem Substrat erbrütet werden müssen – das Kondenswasser sich nicht an der Abdeckung, beziehungsweise den Deckeln der Kästchen, in denen die Eier liegen, sammelt und auf die Eier zurrücktropft, wie es bei von unten beheizten Modellen der Fall ist.

Große Phelsumen liegen gern auf glatten Blättern wie die von Philodendron-Gewächsen, Gummibäumen und Sansevierien.

Die Bepflanzung

Wie in ihrer natürlichen Umgebung verstecken und tarnen sich Strauch und Baum bewohnende Geckos auch im Terrarium zwischen den Pflanzen. Haftzeher liegen gern auf Blättern mit glatten Oberflächen. Die Weibchen mancher Arten, darunter viele Phelsumen, setzen ihre Gelege in Blattachseln ab. Besonders in Feuchtterrarien helfen Pflanzen ein günstiges Klima herzustellen, denn sie tragen zur Erhöhung der Luftfeuchtigkeit bei und verbessern die Atemluft.

Ein gut bepflanztes Terrarium wirkt ausgesprochen dekorativ. Dabei kommt es weder auf die Vielzahl von Gewächsen an, noch müssen sie besonders extravagant sein. Am natürlichsten wirkt es, wenn wenigen Pflanzenarten Raum zur Ausbreitung bleibt. Wenn man sich zunächst auf unkomplizierte Gewächse beschränkt, wird man auch auf Dauer Freude daran haben.

In ein Terrarium mit kleinen Geckos kann man auch feinfiedrige Pflanzen einsetzen, die nicht allzusehr strapaziert werden, wenn die Tiere darauf herumlaufen. Pflegt man größere Geckos, so wählt man am besten robuste Arten, die auch mittelschwere Beschädigungen nicht übel nehmen. Mit rankenden Gewächsen lassen sich sehr schön Rück- und Seitenwände begrünen. Einige haben Haftwurzeln und wachsen fast von allein an einem rauen Untergrund an (etwa *Ficus pumila*). Man kann die Triebe mit Pflanzennadeln aus Kunststoff an der Rück- und Seitenwandverkleidung befestigen und so in die gewünschte Richtung lenken. Die Gewächse können entweder in Blumentöpfe oder Schalen gesetzt und im Boden eingelassen oder direkt in den Terrariengrund gepflanzt werden. In Trockenterrarien empfiehlt sich die Topfkultur. Als Pflanzsubstrat eignet sich Blumenerde oder Seramis für feuchtigkeitsliebende Gewächse, Kakteenerde für die Sukkulenten im Trockenterrarium.

Leitungswasser hat im Allgemeinen einen pH-Wert, der über dem Neutralwert (ph 7) liegt. Die meisten Pflanzen kommen mit einem pH-Wert zwischen 6 und 7 im Pflanzsubstrat gut zurecht. Um das Leitungswasser etwas anzusäuern, gibt man Torf für Aquarien in einen Netzbeutel oder Nylonstrumpf und hängt ihn 24 Stunden in einen Eimer mit Wasser. Um die richtige Dosierung und Standzeit herauszufinden, kann man den pH-Wert am Anfang mit Messreagenzien (Zoofachhandel) kontrollieren. Wird mit hartem, unbehandeltem Leitungswasser gesprüht, zeigen sich bald hässliche Kalkflecken auf den Terrarienscheiben und Pflanzenblättern.

Pflanzen für das Feuchtterrarium

Eine große Artenvielfalt gibt es in der Familie der **Bromelien** oder Ananasgewächse (Bromeliaceae). Viele wachsen als Aufsitzerpflanzen (epiphytisch) auf Bäumen. Bromelien können mit Bast oder kunststoffummantelten Draht auf Äste oder Korkeichenrinde aufgebunden werden. Bromelien blühen nur einmal, sie bilden dann so genannte Kindel aus. Das Wasser in den Bromelientrichtern muss immer sauber sein, sonst fault die Pflanze. Auch **Tillandsien** beziehen ihre Nährstoffe aus dem Regenwasser, grüne Arten kann man in Erde einpflanzen, die grauen ohne Substrat aufbinden und den sehr dekorativen Greisenbart (*Tillandsia usneoides*) einfach über einen Ast hängen. Auch **Farne** kann man auf Äste aufbinden. Man wickelt die Wurzeln mit etwas Erde in feuchtes Moos ein. Das Ganze wird in ein Netz (Haarnetz, Drahtgeflecht – keinen Kupferdraht verwenden!) eingebunden und in eine vorgefertigte Höhlung in einem Ast oder Kork gesetzt. Das Gießwasser muss immer ablaufen können, es darf sich nicht im Wurzelbereich sammeln und Staunässe verursachen, sonst faulen die Wurzeln.

Ficus pumila, eine kleinblättrige Kletterfeige ist für kleine und große Terrarien sehr zu empfehlen, wenn man Rück- und Seitenwände begrünen möchte.

Im Folgenden steht die Abkürzung La für Lichtanspruch.

Die meisten **Baumfreundarten** (***Philodendron***) werden sehr groß. *P. scandens* ist eine robuste Schlingpflanze mit kleineren Blättern, die sich auch für kleinere Terrarien eignet; La: Hell bis halbschattig. Das **Fensterblatt (*Monstera*)** ist nur für große Terrarien geignet.

Piper ornatum **(Pfeffer)** und die robuste **Efeutute (*Epipremnum pinnatum*)** sind rankende Gewächse für mittelgroße Terrarien; La: Hell bis halbschattig.

Die Gattung ***Ficus*** hat eine Fülle von Arten hervorgebracht, darunter die Gummibäume (nur für große Terrarien) aber auch die kleinblättrige Kletterfeige (***Ficus pumila***), die sich hervorragend für kleine Terrarien eignet; La: Hell bis halbschattig.

Scindapsus pictus, das **Zebrakraut (*Zebrina*)** und die **Tradeskantie (*Tradescantia*)** können als Bodendecker oder Schlingpflanzen auch in kleineren Terrarien gepflegt werden. Tradeskantien wachsen

> Alle Gewächse, auch wenn sie nicht besonders lichtbedürftig sind, brauchen zumindest einen halbschattigen Standort und gedeihen nicht im Dunkeln. Wer lichthungrige Pflanzen pflegen möchte, muss mit einem gewissen Aufwand – mehrere Leuchtstoffröhren oder eine HQI-Lampe für die Beleuchtung rechnen. Will man den Boden bepflanzen, ist um so mehr Licht erforderlich, je höher das Terrarium ist.

Usambaraveilchen können im Feuchtterrarium mit kleinen Geckos zusammen gepflegt werden, vertragen aber direktes Ansprühen nicht.

schnell und müssen häufig zurrückgeschnitten werden; La: Hell bis halbschattig.

Dischidia pectenoides ist ein etwas empfindlicheres, rankendes Seidenpflanzengewächs für mittelgroße Behälter; La: Hell bis halbschattig.

Viele **Farne** müssen bei eher kühlen Temperaturen gepflegt werden, sie eignen sich für ein feuchtwarmes Terrarium selbstverständlich nicht. Für manche tropischen Farne ist das Klima im beheizten Feuchtterrarium genau richtig. Dazu gehört beispielsweise der **Frauenhaarfarn** (***Adiantum***); La: Hell. Die zarte Pflanze kann nur mit kleinen Geckos zusammen gepflegt werden. Etwas robuster ist der **Saumfarn** (***Pteris***), der auch in kleineren Terrarien gedeiht; La: Hell. **Nestfarn** (***Asplenium***) La: Hell; und **Geweihfarn** (***Platycerium***), La: Hell bis halbschattig, eignen sich für mittelgroße bis große Terrarien. ***Fittonia*** und ***Pellionia pulchra*** sind Gewächse, die einen niedrigen Wuchs haben und sich am Boden ausbreiten. La: Halbschattig. Ebenfalls am Boden gedeiht der **Erdstern** (***Cryptanthus***), eine terrestrisch lebende Bromelie; La: Hell bis halbschattig.

Für die Auswahl der Pflanzen ist es entscheidend, dass sie in das jeweilige Kleinstbiotop passen. Dabei spielen die Ansprüche an die Lichtintensität, die Temperatur und Feuchtigkeit in der Luft sowie im Substrat und die Endgröße der Gewächse wichtige Rollen. Manche Gewächse lassen sich immer wieder einmal zurückschneiden – rankende Planzen etwa – und auf diese Weise klein halten, bei anderen ist das nicht möglich.

Aloe variegata, eine Sukkulente für das Trockenterrarium.

Pflanzen für das Trockensteppenterrarium

Eine große Anzahl stachelloser Sukkulenten eignet sich für das Trockenterrarium, die meisten benötigen für ihr Gedeihen allerdings viel Licht. Pflanzen, die aus Wüsten- und Trockensteppen stammen, brauchen in vielen Fällen eine Ruhezeit und können gleichzeitig mit den Tieren überwintert werden (siehe »Fortpflanzung«). Die Beleuchtungsdauer und -intensität wird in dieser Zeit stark reduziert.

Von den als Zimmerpflanzen beliebten **Sansevierien** gibt es hoch- und niedrigwüchsige Formen. Sie eignen sich hervorragend für Terrarien. Wenn man ihnen einen »besonnten« Platz einräumt und ihnen im Winter eine Ruhezeit gönnt, kommen sie sogar zur Blüte; La: Sonnig bis halbschattig. **Echiverien** sind empfindlich gegen kalkhaltiges Sprühwasser und Feuchtigkeit, die sich unter und zwischen den Blättern bildet; La: Hell bis sonnig. **Gasterien** sind sehr robust; La: Halbschattig bis sonnig. **Yucca-Palmen** eignen sich nur für große Terrarien; La: Halbschattig bis sonnig. Viele **Haworthien** bleiben klein und eignen sich gut zur Pflege auch in kleineren Terrarien; La: Hell bis sonnig.

Geckos im
Terrarium

Vorige Doppelseite: Unter den klein bleibenden Haworthien gibt es eine Fülle von Arten. Sie vermehren sich durch Ausläufer, die sich kriechend am Boden oder über Gestein ausbreiten. Die Abbildung zeigt *Haworthia c. cimbiformis.*

Geckos im Terrarium

Unerfahrenen ist es meist nicht möglich, die vielen verschiedenen Arten auseinanderzuhalten. Hier werden Geckos vorgestellt, die auch von Anfängern im Terrarium gehalten werden können und deren Vermehrung schon vielfach gelungen ist. Einige der hier porträtierten Arten sollten nur angeschafft werden, wenn man schon Geckos gepflegt und nachgezogen hat und zumindest über grundlegende Erfahrungen verfügt. Doch zunächst ein paar Ratschläge, wie man am besten zu gesunden Tieren kommt.

Tierkauf und Eingewöhnung

Die beste Kaufadresse ist immer noch der Züchter. Bei ihm können Sie nicht nur Ihre Geckos kaufen, sondern sich ansehen, wie sie gehalten werden und so etwas über ihre zukünftigen Pfleglinge lernen. Viele Arten werden schon seit langem regelmäßig von Liebhabern vermehrt. Manche bieten ihre eigenen Nachzuchten auf regelmäßig stattfindenden Börsen oder über Anzeigen in Fachzeitschriften an.

Mit dem Kauf von **Nachzuchttieren** gehen Sie einer ganzen Reihe von Problemen aus dem Weg und schonen die Bestände wild lebender Geckos. Schon manchem Einsteiger ist dieses schöne Hobby schnell verleidet worden, weil er unwissentlich kranke Tiere erworben hat, die trotz aller Bemühungen schließlich starben. Mit vorgeschädigten Geckos ist der noch unerfahrene Echsenpfleger schlicht überfordert. **Wildfangtiere** bringen meistens Probleme mit sich. Sie gewöhnen sich schwerer ein, sind häufig von Parasiten befallen und durch den erlittenen Stress während des Fangs, Transports und der Zwischenhälterung besonders anfällig für Krankheiten.

Wenn Sie später neue Tiere zu den Alteingesessenen setzen möchten, pflegen Sie sie erst einmal zur Beobachtung in einem Quarantäneterrarium. Es wird ihren Grundbedürfnissen entsprechend aber einfacher eingerichtet. Das Klima regelt man so ein, wie es für die Art erforderlich ist. Sind Sie später sicher, dass die Neuankömmlinge gesund und parasitenfrei (siehe Kapitel »Krankheiten«) sind, können sie zu den anderen gesetzt werden.

Der Züchter ist der kompetente Ansprechpartner, an den Sie sich auch später noch mit ihren Fragen wenden können. Die DGHT (siehe »Adressen«) als größter Zusammenschluss von Herpetologen und Terrarianern kann Adressen verschiedener Arbeitskreise und Züchter vermitteln.

Die Terrarien, aus denen Sie Tiere kaufen, sollten einen gepflegten Eindruck machen und die Geckos müssen sich in einem guten Allgemeinzustand befinden.

Die Tiere dürfen keinesfalls abgemagert sein. Geckos speichern Fettreserven im Schwanz. Ist er sehr dünn oder sieht man gar die Wirbel, so sollten sie vom Kauf auf jeden Fall Abstand nehmen.

Die Augen sind bei gesunden Tieren klar und glänzend, sie dürfen auf keinen Fall eingesunken sein.

Häutungsreste deuten auf Mangelerkrankungen hin.

Achten Sie auf Verdickungen auf der Haut, nässende Stellen und andere Unregelmäßigkeiten. Mit Ausnahme von verheilten Wunden (Narben) könnten dann bakteriell oder durch einen Pilzbefall bedingte Hauterkrankungen vorliegen.

Gesunde Baumbewohner liegen im Allgemeinen nicht auf dem Boden. Dämmerungs- und nachtaktive Tiere liegen tagsüber nicht an ungeschützten Plätzen herum, es sei denn sie nehmen gerade ein Sonnenbad, was auch bei ihnen mitunter vorkommt.

Die Kloake darf nicht geschwollen und/oder verschmutzt sein, das ließe auf massive Darminfektionen schließen.

Achten Sie auch auf Außenparasiten. Milben (Siehe »Krankheiten«) sind manchmal mit bloßen Augen schwer zu erkennen, weil sie winzig klein sind, schauen Sie genau hin, eventuell mit einer großen Lupe.

Für den **Heimtransport** werden kleine Geckos meist in Kunststoffkästchen mit Luftlöchern verpackt, größere auch in Stoffbeuteln. Bringen Sie eine Tasche, im Winter auch eine Thermotasche oder einen kleinen Styroporkarton mit, in die die Behälter hineingesetzt werden. Beim Transport dürfen die Tiere weder zu stark auskühlen (im Winter) noch überhitzen (im Sommer). Zuhause entlässt man sie – möglichst ohne sie anzufassen – in das vorbereitete Terrarium. Damit die Tiere gleich trinken können, sprüht man zuvor. Dann gönnt man ihnen vor allen Dingen Ruhe und beobachtet sie erst einmal mit etwas Abstand. Nach mehreren Stunden kann man wenige Futtertiere einsetzen. Zuviele würden die Geckos jetzt nur beunruhigen. Gehen Sie immer mit langsamen, ruhigen Bewegungen an das Terrarium heran, so dass die Tiere sich auf ihre Gegenwart einstellen können und sich nicht erschrecken.

Quarantäneterrarium für Bodenbewohner. Manche Geckos brauchen auch in einem Quarantäneterrarium schwach feuchten Sand, in den sie sich zeitweise eingraben können. Man kann ein Kistchen aus leicht zu reinigendem Kunststoff dafür verwenden.

Besatzdichte und Vergesellschaftung

Pflegen Sie Geckos je nach Art paarweise oder in einer kleinen Gruppe. Das entspricht ihrer natürlichen Lebensweise. Fühlen sich die Tiere wohl, zeigen sie auch ihr gesamtes Verhaltensrepertoire.

Pflegen Sie wenige Tiere auf möglichst großem Raum. Geckos bilden nämlich Reviere, die sie gegen Artgenossen verteidigen. Schwächere werden verdrängt und unterdrückt, wenn sie nicht ausweichen können. Die Folge davon ist, dass sie irgendwann keine Nahrung mehr aufnehmen. Auch wenn die Reviere in der Natur klein erscheinen, so ist ein Terrarium im Vergleich dazu doch ein sehr begrenzter Raum. Mit einer zu hohen **Individuenzahl** kommt Stress auf, und der macht die Tiere krank. Mehrere Männchen von einer Art vertragen sich nicht, manchmal sind auch die Weibchen untereinander aggressiv. In den Artenporträts wird die Paar- oder Gruppenhaltung = ein Männchen und mehrere Weibchen erwähnt. Die angegebene Terrariengröße ist ausreichend für ein Pärchen oder eine kleine Gruppe.

Die **Vergesellschaftung** mit einer anderen Echsenart ist manchmal möglich, wenn das Terrarium groß genug ist und strukturelle wie klimatische Bedingungen aufweist, die allen Bewohnern gerecht werden. Viele Geckos reagieren jedoch auch auf artfremde Tiere aggressiv – sie sollten unter sich bleiben. Am gesellschaftsfähigsten ist der Leopardgecko, er verträgt sich mit gleich großen, friedfertigen und tagaktiven Echsen wie Leguanen, Agamen oder manchen Skinken. Bogenfingergeckos (*Cyrtodactylus peguensis*) lassen sich mit anderen kleinen tagaktiven Geckos zusammen pflegen, ebenso Hausgeckos. Kleinen Phelsumen kann man eine nachtaktive Art hinzugesellen. Große Phelsumen oder Tokehs können allenfalls in Großterrarien mit noch größeren friedfertigen Echsen vergesellschaftet werden. Generell ist zu empfehlen, nur eine, höchstens aber zwei Arten pro Terrarium zu pflegen.

Quarantäneterrarium für Baumbewohner. PVC- Röhren sind leicht zu reinigen und bieten den Tieren Versteckmöglichkeiten. Der Boden wird in allen Quarantäneterrarien mit Küchenpapier ausgelegt, das sich schnell wechseln lässt.

Rechtsfragen bei der Haltung von Geckos

Von Rechtsanwalt Dietrich Rössel, Frankfurt/M.

Artenschutzrecht

Viele Tier- und Pflanzenarten sind in der Natur bereits ausgerottet worden, andere sind gefährdet. Aufgabe des Artenschutzrechts ist es, diese Entwicklung aufzuhalten. Wichtig für den Tierhalter sind vor allem:

- das Washingtoner Artenschutzabkommen;
- die neue EU-Artenschutzverordnung Nr. 338/97;
- das Bundesnaturschutzgesetz;
- die Bundesartenschutzverordnung;
- die Naturschutzgesetze der einzelnen Bundesländer.

Zu den jeweiligen gesetzlichen Regelungen gibt es Anhänge, die die unter Artenschutz stehenden Arten aufführen. Weil hier relativ kurzfristig Änderungen eintreten können, sollen die betroffenen Arten an dieser Stelle nicht aufgezählt werden; Auskunft können die jeweilige Naturschutzbehörde (meist das Regierungspräsidium) und das Bundesamt für Naturschutz in Bonn erteilen.

Wer ein unter Artenschutz stehendes Tier in Besitz hat, muss den **Nachweis der Rechtmäßigkeit des Besitzes** führen; anderenfalls droht ihm die Einziehung des Tieres und im Falle des Verschuldens ein Ordnungswidrigkeiten- oder sogar ein Strafverfahren. Nicht nur beim **Import** von Geckos ist deren artenschutzrechtlicher Status wichtig. Auch beim **Kauf** ist Vorsicht geboten. Zwar werden in der Regel die Papiere mitgeliefert; soweit diese nicht benötigt werden, ein Nachweis über die Herkunft des Tieres aber geführt werden muss, muss der Verkäufer zum Nachweis der Herkunft die notwendigen Auskünfte dazu geben und zwar unbedingt in schriftlicher Form. Wichtig ist hier, dass der Besitzer nicht nur nachweisen muss, woher er das Tier erhalten hat, sondern er vor allem den lückenlosen Nachweis bis zum hin Züchter oder zum berechtigten Importeur führen muss.

Ein Problem bei manchen Anhang A-Arten ist die aus Tierschutzgründen umstrittene Verpflichtung, die Tiere mit einem Mikrochip zu kennzeichnen.

Tierschutzrecht

Der Schutz des Tieres vor unsachgemäßer Haltung ist – in erster Linie im Tierschutzgesetz – rechtlich geregelt. Jedes Tier ist artgerecht zu halten; der Betreuer des Tieres muss über die hierfür notwendigen Kenntnisse verfügen. Zwar sollte dies selbstverständlich sein; in vielen Fällen ist aber streitig, welche Voraussetzungen erfüllt sein müssen. Um sachliche Grundlagen zu schaffen, hat das Bundeslandwirtschaftsministerium ein Gutachten über die Mindestanforderungen an die Haltung von Reptilien in Auftrag gegeben, das bei der Deutschen Gesellschaft für Herpetologie und Terrarienkunde (DGHT) erhältlich ist. Es hat zwar keine Gesetzeskraft, ist aber hilfreich, die Haltungsbedingungen zu definieren.

Rechtliche Probleme beim Kauf von Tieren

Oft werden Tiere verkauft, bei denen sich herausstellt, dass sie schon beim Kauf krank waren. Dann stellt sich die Frage nach der Möglichkeit, vom Verkäufer die entstandenen Kosten zu verlangen, also beispielsweise die Tierarztkosten und, falls das Tier eingeht, auch den Kaufpreis. Rechtlich gesehen handelt es sich bei diesen Fällen, auch wenn es um Tiere geht, um »Sachmangelhaftung«. Seit Beginn des Jahres 2002 ist das Schuldrecht umfassend reformiert worden; die Rechte des Käufers stellen sich nunmehr wie folgt dar, falls ein krankes Tier erworben wird:

Die Krankheit eines Tieres ist als »Sachmangel« anzusehen, ebenso nach neuem Recht die Falschlieferung, also zum Beispiel die Lieferung einer anderen Art als der bestellten. Der Käufer hat nun – im Gegensatz zu früher – zunächst einen »**Nacherfüllungsanspruch**«; also einen Anspruch auf **Nachbesserung** oder

Den Tieren sollten auf jeden Fall mehrere geeignete Verstecke zur Verfügung gestellt werden, die sie gemeinsam oder allein nutzen können.

aber den Anspruch **auf Lieferung einer mangelfreien Sache** (wobei der Nachbesserungsanspruch bei einem kranken Tier sicherlich in der Praxis kaum eine Rolle spielen wird – dieser müsste ja im Gesundpflegen bestehen).

Des Weiteren kann der Käufer vom Kaufvertrag **zurücktreten** (dies wurde bisher als Wandelung des Kaufvertrages bezeichnet), wenn er dem Verkäufer vorher eine Frist zur Nacherfüllung gesetzt hat. Der Verkäufer hat also grundsätzlich ein Recht auf Nacherfüllung, was im Falle der »Lieferung einer mängelfreien Sache« bedeutet, dass der Käufer unter Umständen sogar das kranke Tier zurückgeben muss, was ihm sicherlich nicht leicht fallen wird!

Auch das Recht auf **Minderung** des Kaufpreises ist davon abhängig, dass der Käufer dem Verkäufer zuvor eine Frist zur Nacherfüllung gesetzt hat. Dann kann der Käufer – wie bisher – den Kaufpreis mindern, beispielsweise um den Betrag, den er als Tierarztkosten aufwenden musste. Unter bestimmten Umständen ist die Nachfristsetzung nicht notwendig; dies ist unter anderem bei »Unzumutbarkeit« der Fall. Ob es allerdings unzumutbar ist, ein erkranktes Tier zurückzugeben (und sogleich Minderung oder Schadensersatz geltend zumachen), muss die Rechtsprechung noch entscheiden.

Schadensersatz kann nun ebenfalls nach Setzung einer angemessenen Frist zur Nacherfüllung verlangt werden und zwar unabhängig davon, ob – wie früher – ein Mangel arglistig verschwiegen wurde oder eine zugesicherte Eigenschaft fehlt. Der

Verkäufer kann sich von seiner Verpflichtung zur Schadensersatzleistung befreien, wenn er nachweist, dass er die mangelhafte Lieferung nicht zu vertreten hat (in der Praxis bedeutet das, dass der Verkäufer nachweisen muss, von einer Krankheit nichts gewusst zu haben und dass er diese bei Beachtung der nötigen Sorgfalt auch nicht erkennen konnte). Gerade im Hinblick auf Tierarztkosten, die den Wert des Tieres übersteigen (und im Hinblick auf den Tierschutzgedanken schon bisher oft zugesprochen wurden) ist es von Bedeutung, dass nun auch der Ersatz der vergeblichen Aufwendungen gefordert werden kann.

Auch die Verjährung kaufrechtlicher Ansprüche hat sich geändert: Sie beträgt nunmehr in der Regel zwei Jahre, im Falle des arglistigen Verschweigens eines Mangels drei Jahre.

Miet-und Wohnungseigentumsrecht

Mitunter bereitet die Haltung von Reptilien Probleme, weil der Vermieter sie nicht dulden will. In der Regel sieht ein Mietvertrag vor, dass die Tierhaltung verboten ist oder der Erlaubnis des Vermieters bedarf. Die Haltung von Kleintieren, von denen keine Störungen (Lärm, Geruch) ausgehen, ist als »übliche Wohnungsnutzung« auch dann gestattet (und kann auch nicht verboten werden), wenn der Mietvertrag ein Verbot oder eine Erlaubnispflicht vorsieht. Eine Vertragsklausel, die jegliche Tierhaltung einschränkt, ist meist unwirksam. Die Rechtsprechung tendiert dazu, unter anderem die Reptilienarten, bei denen es sich nicht um Schlangen handelt, als »nicht störende Kleintiere« einzustufen. Das macht ihre Haltung genehmigungsfrei und ein Haltungsverbot des Vermieters unwirksam. Es gibt allerdings auch (wenige) Gerichte, die auf die potentielle Störung des Hausfriedens durch das Halten von Tieren, gegen die in weiten Teilen der Bevölkerung Vorurteile bestehen, abstellen. Die Rechtsansicht, dass ungefährliche, nicht störende Tiere vom Vermieter wegen Auslösens von Ekelgefühlen verboten werden können, ist jedoch nicht haltbar, da so auch die Haltung der als genehmigungsfrei anerkannten Kleintiere unterbunden werden könnte. Es ist allein darauf abzustellen, ob die Tiere objektiv Gefahren oder Störungen verursachen können. Geckos werden in der Regel als genehmigungsfreie Kleintiere behandelt.

Auch in Eigentumswohnungen ist die Tierhaltung nicht uneingeschränkt erlaubt. Sie kann grundsätzlich durch Eigentümerbeschlüsse in gewissem Rahmen verboten oder eingeschränkt werden. Die Haltung von Geckos in Terrarien dürfte in der Regel aber nicht verboten werden können.

Die Rechtsschutzversicherung

Rechtsschutzversicherungen sind meist nicht eintrittspflichtig für verwaltungsrechtliche Streitigkeiten (Artenschutz-, Tierschutz-, Baurecht). Speziell für Rechtsfragen »rund um die Tierhaltung« bietet der Bundesverband für fachgerechten Natur- und Artenschutz (BNA) seinen Mitgliedern eine Rechtsschutzversicherung an, die verwaltungsrechtliche Streitigkeiten abdeckt.

Die Kürzel in den Artenporträts

Gl = Gesamtlänge; T = Temperatur in °C; Tl = lokale Temperatur in °C (Sonnenplatztemperatur); TN = Nachttemperatur in °C;
Lt = Luftfeuchtigkeit tagsüber in %; Ln = Luftfeuchtigkeit nachts in %;
Zt = Zeitigungstemperatur für die Eier im Brutbehälter in °C;
TG = Terrariengröße in L x B x H in cm; Tt = Terrarientyp.
Die beiden Werte bei „T" beziehen sich auf die Bandbreite der Temperaturen, die im Terrarium tagsüber an verschiedenen Stellen erreicht werden sollte.

Terrarientypen:
Wüstenterrarium für Bodenbewohner = WB
Trockensteppenterrarium für Bodenbewohner = TB
Trockenterrarium für Baumbewohner = TBa
Feuchtterrarium für kleine Baum und Strauch bewohnende Geckos = FBa1
Feuchtterrarium für mittelgroße Baum und Strauch bewohnende Geckos = Fba2
Feuchtterrarium für große Baum bewohnende Geckos = FBa3
Felswüstenterrarium FW

Dämmerungs- und nachtaktive Arten

Geckos, die eine nächtliche Lebensweise führen, verbringen den Tag ruhend in ihren Verstecken. Sie kommen am Nachmittag oder erst zum Sonnenuntergang hervor, manche auch erst, wenn es dunkel ist. Viele Arten zeigen ein spannendes Verhalten. Ob man sich für dämmerungs- und nachtaktive oder Taggeckos entscheidet, hängt nicht zuletzt vom eigenen Lebensrhythmus ab.

Wundergecko (*Teratoscincus scincus*)

Gl: 18 cm; **T:** 30–35 °C; **Tl:** 40–43 °C; **TN:** bis 22 °C; **Lt:** 40–50 %; **Ln:** 70 %; **ZT:** 28–32 °C; **TG:** 100 x 50 x 40 cm; **Tt:** WB.

Verbreitung: zentrales und südwestliches Asien. Ihre Lebensräume sind Wüsten mit heißem, trockenem Klima. Kammartige

Oben: Wundergecko (*Teratoscincus scincus*).

Unten: Zwerg-Wundergecko (*Teratoscincus microlepis*).

Schuppen seitlich an den Zehen verhindern ein Einsinken im Wüstensand. Die Bodenbewohner ziehen sich tagsüber in kühlere, feuchte Verstecke zurück, die sie in den Sand graben. Dazu brauchen sie eine mindestens 15 Zentimeter dicke Sandschicht als Bodengrund, die stellenweise feucht gehalten wird. Die Einrichtung kann aus einigen gewölbten Steinen bestehen, die Tiere klettern kaum. Eine vierwöchige Winterruhe sollte bei zehn bis 15 °C gehalten werden. Die Weibchen vergraben zwei hartschalige Eier an milde erwärmten Stellen im trockenen Sand. Indem sie den Schwanz hin und her bewegen, können Wundergeckos mit ihren dachziegelartig übereinanderliegenden, großen Schuppen ein rasselndes Geräusch erzeugen (Drohgebärde). Eine weitere Besonderheit, die sie mit Tieren der Gattung *Gekkolepis* gemeinsam haben, ist die Fähigkeit zur so genannten Schreckhäutung, das heißt sie können Schuppen abwerfen, wenn sie berührt werden. Wundergeckos sind für den Einstieg in die Geckopflege nicht geeignet.

Teratoscincus microlepis ist mit etwa zwölf Zentimeter Gesamtlänge ausgewachsen. Das Verbreitungsgebiet der Art ist kleiner, es reicht vom Südosten im Iran bis West-Pakistan. Haltung, Pflege und Zucht siehe *T. scincus*. Eine 60 x 30 x 30 Zentimeter große Behausung ist für ein Paar oder eine kleine Gruppe ausreichend.

Leopardgecko (*Eublepharis macularius*)

Gl: 20–25 cm; **T:** 25–30 °C; **Tl:** 35–40 °C; **TN:** 18–24 °C; **Lt:** 40–50 %; **Ln:** 70–80 %; **ZT:** 27–28 °C; **TG:** 100 x 50 x 50 cm; **Tt:** TB.

Das Verbreitungsgebiet dieser Art mit ihren acht Unterarten liegt in Pakistan (mit Ausnahme des Westrandes) und den angrenzenden Gebieten von Afghanistan und Indien. Die Tiere bewohnen heiße, trockene bis halbtrockene Wüsten und Halbwüsten. Diese Lidgeckos sind für den Einsteiger geradezu ideal. Sie sind wun-

derschön gezeichnet, werden recht zahm und sind auch tagsüber oft unterwegs. Beachtet man ihre Grundbedürfnisse, ist die Pflege einfach. Außerdem werden Leopardgeckos oft nachgezüchtet, so dass selbst der Handel auf Wildfänge verzichtet und man daher im Allgemeinen gesunde Tiere erhält. Das Trockenterrarium kann mit Sand, gewölbten Steinen und Rinden eingerichtet werden, die den Tieren Unterschlupf und Liegeflächen bieten. Leopardgeckos sind Bodenbewohner, können jedoch verhältnismäßig gut klettern. Man pflegt sie am besten in einer kleinen Gruppe und stellt den Weibchen zur Eiablage ein Kästchen mit feuchter Erde ins Terrarium. Es werden im Frühjahr und Sommer mehrmals ein bis zwei weichschalige Eier vergraben. Die Winterruhe wird acht bis zehn Wochen bei Temperaturen um 15 °C gehalten. Als Beifutter mögen die Tiere nach eigenen Erfahrungen besonders gern Früchte; Blaubeeren und Johannisbeeren wurden im Ganzen verschlungen. Die Tiere trinken aus einer Wasserschale, die sie immer gefüllt vorfinden sollten.

Leopardgecko (*Eublepharis macularius*).

Afrikanischer Krallengecko (*Hemitheconyx caudicinctus*)

Afrikanischer Krallengecko (*Hemitheconyx caudicinctus*).

Gl: 20 cm; **T:** 28 °C; **Tl:** 35 °C; **TN:** 20 °C; **Lt:** 40–70 %; **Ln:** 70–80 %; **ZT:** 28 °C; **TG:** 80 x 30 x 40 cm; **Tt:** TB.

Etwas empfindlicher als der Leopardgecko ist dieser große Lidgecko. Bei genügender Sorgfalt ist er allerdings sehr ausdauernd. Die kräftig gebauten Tiere sind in Westafrika beheimatet, wo sie Savannen und Waldgebiete mit Trocken- und Regenzeiten bewohnen. Die ruhigen Bodenbewohner klettern ungern. Der Boden im Terrarium sollte zur Hälfte mit trockenem Substrat und zur anderen Hälfte mit einem Erde-Sandgemisch, das stets leicht feucht gehalten wird, eingerichtet werden. Rinden-, Wurzel- oder Steinverstecke müssen in beiden Bereichen vorhanden sein. Der feuchte Boden kann auch tagsüber etwas kühler (26 bis 27 °C) gehalten werden. Die Weibchen vergraben ein bis zwei weichschalige Eier im feuchten Boden.

Amerikanischer Krallengecko (*Coleonyx variegatus*).

Coleonyx brevis.

Amerikanische Krallengeckos (*Coleonyx variegatus* und *C. brevis*)

T: 27–30 °C; **Tl:** 38 °C; **TN:** 16–20 °C; **Lt:** 30–50 %; **Ln:** 70 %; **ZT:** 28–29 °C; **TG:** 60 x 30 x 30 cm für *C. variegatus*, 40 x 30 x 30 cm für *C. brevis*; **Tt:** TB.

Das Verbreitungsgebiet der amerikanischen Krallengeckos erstreckt sich vom Südwesten der USA bis nach Nord-Panama. *C. variegatus* ist mit etwa 15 Zentimeter und vergleichsweise kräftigem Körperbau die größte Art der Gattung, *C. brevis* mit etwa zehn Zentimeter und zierlicher Gestalt der kleinste Lidgecko überhaupt. Beide Arten leben in Wüsten- und Halbwüsten. Eine dicke Sand- oder Sand-Lehmschicht mit leicht feuchten Verstecken, Steine oder Kork bilden die Einrichtung. Obwohl die schlank gebauten Tiere Boden bewohnend sind, können sie gut klettern, insbesondere *C. brevis*. Im Winter sollten die Tiere eine vier- bis fünfwöchige Winterruhe bei Temperaturen zwischen zehn und 15 °C halten. Pro Gelege werden zwei weichschalige Eier in leicht feuchtem Boden vergraben. *C. elegans* und *C. mitratus* werden feuchter gehalten, sie sind empfindlicher und für den Anfänger nicht geeignet.

Kornfingergecko oder Wüstengecko (*Chondrodactylus angulifer*)

Gl: 18 cm; **T:** 27–30 °C; **Tl:** 35–38 °C; **TN:** 20–22 °C; **Lt:** 20–40 %; **Ln:** 50–60 %; **ZT:** 28 °C; **TG:** 100 x 50 x 40 cm; **Tt:** WB.

Wüstengecko (*Chondrodactylus angulifer*), weiblich.

Die kräftig gebauten Kornfingergeckos leben in Wüsten und Halbwüsten in Südafrika, Namibia und Botswana. Namensgebend sind die Körnchenschuppen an den Fußsohlen. Die Krallen sind zurückgebildet, die Bodenbewohner klettern so gut wie gar nicht. Das Wüstenterrarium wird mit einer dicken Sand-, oder Sand-Lehmschicht und einigen Steinen oder Wurzelstücken eingerichtet, unter denen die Tiere sich verstecken können. Die hartschaligen Eier werden im trockenen Boden vergraben. Das Gelege bettet man in trockenes Zeitigungssubstrat, jedoch sollte die Luftfeuchtigkeit bei 70 Prozent liegen. Ausgewachsene Männchen tragen auf beiden Seiten mehrere gut sichtbare weiße Flecken. Die Geckos drohen, indem sie den Schwanz nach oben richten und ihren Gegner manchmal anspringen.

Schwimmfußgecko (*Palmatogecko rangei*).

Schwimmfußgecko (*Palmatogecko rangei*)

Gl: 12–14 cm; **T:** 28–30 °C; **Tl:** 35–38 °C; **TN:** 15–18 °C; **Lt:** 30–40 %; **Ln:** 80–90 %; **ZT:** 28 °C; **TG:** 60 x 30 x 30; **Tt:** WB.

Schwimmfußgeckos leben in der Namibwüste in sandigem Gelände. Namensgebend sind die feinen Häute zwischen den Zehen. Die Geckos können so auf dem Wüstensand laufen ohne einzusinken. Besonders hübsch ist die feingemaserte Iris der großen Augen, die Haut der Tiere ist dünn und stellenweise durchsichtig. Im Wüstenterrarium brauchen sie eine hohe Sandschicht, in die sie Höhlen graben. Eine Stelle wird stets feucht gehalten. Flache Steine oder Rindenstücke vervollständigen die Einrichtung. Die Eier werden im Sand vergraben, in trockenem Substrat aber bei erhöhter Luftfeuchte (70 bis 80 Prozent) erbrütet. Für Einsteiger ist diese empfindliche Art nicht zu empfehlen.

Engfingergecko (*Stenodactylus petrii*)

Gl: 8–10 cm; **T:** 27–30 °C; **Tl:** 35 °C; **TN:** 18–22 °C; **Lt:** 30–40 %; **Ln:** 80 %; **ZT:** 27–28 °C; **TG:** 50 x 30 x 30; **Tt:** WB.

Eine andere Wüste, nämlich die Sahara, bewohnt die Gattung *Stenodactylus*. *S. petrii* und *S. sthenodactylus* sind ideale Bodenbewohner für ein kleines Wüstenterrarium. Stellt man den Tieren eine größere gut strukturierte Behausung zur Verfügung, ist es auch möglich, zwei Männchen mit den Weibchen zusammen zu pflegen. Eine hohe Sandschicht – die Tiere graben Höhlen in den Sand – und mehrere Steinverstecke bilden die Einrichtung. Eine vierwöchige Winterruhe sollte bei 15 bis 18 Grad °C gehalten werden. Die Weibchen sind bei dieser Art kräftiger gebaut als die Männchen. Sie vergraben zwei hartschalige Eier in trockenem Sand. Die Männchen geben nachts, besonders häufig in der Paarungszeit im Frühjahr und Sommer, zwitschernde Laute von sich.

Paroedura bastardi und *P. picta*

Gl: 13–14 cm; **T:** 25–30 °C; **Tl:** 35 °C; **TN:** 18–22 °C;
Lt: 30–50 %; **Ln:** 70–80 %; **ZT:** 28 °C ; **TG:** 60 x 30 x 40 cm;
Tt: TB oder TBa.

Die Gattung ist mit zehn Arten auf Madagaskar und den Komoren verbreitet. *Paroedura bastardi* und *P. picta* leben auf Madagaskar in Trockenwäldern und felsigem Gelände. Sie sind vorwiegend Boden bewohnend, besitzen jedoch Krallen und Haftpolster zum Klettern. Tiere beider Arten haben eine feine Beschuppung. Bei *P. picta* sind außerdem viele größere Tuberkelschuppen über Kopf, Rumpf, Schwanz und Gliedmaßen verteilt, bei *P. bastardi* auffallend große Höcker- und Stachelschuppen. Das Trockenterrarium sollte feuchte Verstecke enthalten und nicht zu steile Klettermöglichkeiten wie Rinden oder raues Gestein. Die Anzahl der Gelege mit hartschaligen Eiern ist überdurchschnittlich hoch. Die Jungen wachsen rasch heran und haben eine Lebenserwartung von drei bis vier Jahren. Das Zeitigungssubstrat sollte schwach feucht sein, die Luftfeuchte im Brutbehälter etwa 80 Prozent betragen.

Stenodactylus petrii.

Paroedura bastardi.

Paroedura picta.

Echsenfingergecko (*Saurodactylus mauritanicus brosseti*)

Gl: 6 cm; **T:** 27–30 °C; **Tl:** 35 °C; **TN:** 18–22 °C; **Lt:** 30–50 %; **Ln:** 60–70 %; **ZT:** 27 °C; **TG:** 50 x 25 x 20 cm; **Tt:** WB.

Saurodactylus mauritanicus.

Die beiden Arten der Gattung sind in Marokko und im Westen der Sahara (Nordafrika) beheimatet. Die Tiere leben in heißen, trockenen Gegenden und sind Boden bewohnend. Tagsüber halten sie sich an kühleren Stellen unter Steinen versteckt. Die kleinen Geckos sind schlank gebaut und sehr flink. Sie eignen sich gut für die Haltung in einem kleinen Wüstenterrarium, das mit Sand als Bodengrund und einigen Steinverstecken ausgestattet wird. Die Gelege bestehen aus jeweils einem hartschaligen Ei. Die drei- bis vierwöchige Winterruhe kann bei 15–18 °C gehalten werden.

Hausgecko (*Hemidactylus frenatus*)

Gl: 13 cm; **T:** 25–28 °C; **Tl:** 30 °C; **TN:** 18–24 °C; **Lt:** 60 %; **Ln:** 60–80 %; **ZT:** 27 °C; **TG:** 40 x 50 x 30 cm; **Tt:** FBa1.

Hausgecko (*Hemidactylus frenatus*).

Die Gattung der Halbfingergeckos beinhaltet mehr als 75 Arten. Sie haben sich als außerordentlich anpassungsfähig erwiesen und die unterschiedlichsten Lebensräume besiedelt. Man findet sie in trockenen wie feuchten, in tropischen wie subtropischen Klimaten. Außerdem sind sie Kulturfolger, die sich oft in Hütten oder Häusern aufhalten, wo sie gern geduldet werden, weil sie lästige Insekten vertilgen. Der Ursprung dieser Art liegt in Asien, heute ist sie über mehrere Kontinente verbreitet. Hausgeckos sind nicht schwierig zu halten, man sollte allerdings unbedingt Nachzuchten kaufen und keine Wildfänge, denn die sind meistens von Parasiten wie Blut saugenden Milben befallen. Hausgeckos sind Haftzeher. Das Feuchtterrarium wird mit einigen Ästen und Zweigen eingerichtet, als Bodengrund eignet sich ein erdiges Substrat. Die Weibchen setzen mehrmals im Jahr Gelege mit jeweils zwei hartschaligen Eiern ab, die entweder an Einrichtungsgegenstände geklebt oder auf dem Boden abgelegt werden.

Tokeh (*Gekko gecko*)

Gl: 35 cm; **T:** 27–30 °C; **Tl:** 30–35 °C; **TN:** 20–24 °C; **Lt:** 70–80 %; **Ln:** 80–90 %; **ZT:** 27–29 °C; **TG:** 80 x 50 x 100 cm; **Tt:** FBa3.

Mit etwa 30 Arten ist die Gattung in Südostasien weit verbreitet. *G. gecko* zählt zu den größten und häufig gepflegten Arten. Die Tiere haben gut ausgebildete Haftorgane. Namensgebend ist der Klang der Rufe: Tokee (englisch ausgesprochen). Zeichnung und Färbung der großen Geckos können stark variieren. Sie sind unkompliziert in der Haltung, vor einem vorschnellen Kauf muss allerdings gewarnt werden: Die Echsen brauchen ein großes Feuchtterrarium, die nächtlichen Rufe der Männchen sind ausgesprochen laut, die Tiere sind – einmal eingewöhnt – nicht scheu: Bisse in die Hand, die ihnen zu nah kommt, sind jedoch keine Seltenheit. Sie sind sehr gute Fresser, die Kosten für ihre Nahrung sind also nicht gering. Wer diese schönen Tiere trotz alledem halten möchte, sollte unbedingt Nachzuchten kaufen; Wildfänge sind sehr oft von Blutmilben befallen. Das Terrarium wird mit stabilen Kletterästen und erdigem Bodengrund ausgestattet. Im Geäst verankerte Korkröhren werden gern als Verstecke angenommen. Die Gelege werden von den Weibchen an Einrichtungsgegenstände geklebt. Eine Besonderheit dieser Art ist die Brutpflege: Das Gelege wird von beiden Elterntieren bewacht. Die Jungen können sogar bei den Eltern bleiben, es erleichtert aber die Fütterung während der Aufzucht, wenn man sie bald getrennt unterbringt.

Tokeh (*Gekko gecko*).

Gekko vittatus

Gl: 25 cm; **T:** 27–30 °C ; **Tl:** 30–33 °C; **TN:** 20–24 °C; **Lt:** 70–80 %; **Ln:** 80–90 %; **ZT:** 24–28 °C; **TG:** 60 x 30 x 80 cm; **Tt:** F Ba2.

Das Verbreitungsgebiet dieser Art liegt im Indoaustralischen Archipel. *Wie G. gecko* ist auch *G. vittatus* Baum bewohnend. Imposant ist seine markante, unverwechselbare Zeichnung. Einrichtung des Terrariums und Pflege wie bei *G. gecko*.

Cyrtodactylus pulchellus

Gl: 25 cm; **T:** 25–29 °C; **Tl:** 30 °C; **TN:** 18–24 °C; **Lt:** 70–80 %; **Ln:** 90 %; **ZT:** 24–28 °C; **TG:** 50 x 30 x 60 cm; **Tt:** FBa2.

Zu den Bogenfingergeckos (*Cyrtodactylus*) werden ausgesprochen viele Arten mit einem riesigen Verbreitungsgebiet gerechnet. *C. pulchellus* ist in Südostasien weitverbreitet. Die Tiere leben Baum bewohnend in Regenwäldern und kommen noch in Höhen von über 1000 Meter vor. Besonders wichtig bei der Haltung ist, dass die Luftfeuchtigkeit die angegebenen Werte nicht unterschreitet; auch zu hohe Temperaturen werden nicht vertragen. Eine stets feucht gehaltene Erdschicht, Äste und Rinden bilden die Einrichtung im Feuchtterrarium. Eine Bepflanzung bietet den Tieren zusätzliche Versteckmöglichkeiten. Die Weibchen vergraben pro Gelege zwei Eier im leicht feuchten Boden.

Cyrtodactylus peguensis

Gl: 12–15 cm; **T:** 20–27 °C; **Tl:** 28–29 °C; **TN:** 20–22 °C; **Lt:** 70–80 %; **Ln:** 90 %; **ZT:** 26–27 °C; **TG:** 50 x 30 x 60 cm; **Tt:** FBa1.

C. peguensis lebt in Burma, Südthailand und Malaysia. Baum- und Bodenbewohner des Regenwaldes. Für die Luftfeuchtigkeit und Temperatur gilt das Gleiche wie bei *C. pulchellus*; *C. peguensis* reagiert noch empfindlicher auf zu hohe Temperaturen und Trockenheit. Eine Bepflanzung fördert ein günstiges Klima. Die Tiere müssen kühlere Bereiche aufsuchen können. Sonst sind die Geckos nicht heikel und pflanzen sich bei guten Bedingungen im Terrarium fort. Die hübschen Echsen sind eher nacht- als dämmerungsaktiv, man kann sie mit friedfertigen Phelsumen vergesellschaften.

Dickfingergecko (*Pachydactylus bibronii*)

Gl: bis 20 cm; **T:** 27–30 °C ; **Tl:** 33–35 °C; **TN:** 18–22 °C;
Lt: 40–60 %; **Ln:** 70 %; **ZT:** 28 °C; **TG:** 50 x 50 x 60 cm; **Tt:** FW oder TBa.

Die Gattung *Pachydactylus* ist mit etwa 30 Arten im Süden Afrikas beheimatet und bewohnt vorwiegend trockene Regionen. *P.*

Gekko vittatus.

Cyrtodactylus pulchellus.

Cyrtodactylus peguensis.

Pachydactylus bibronii.

bibronii ist einer der größten Geckos seiner Gattung und hat einen kräftigen Körperbau. Die Tiere haben eine feine Beschuppung; über Rumpf, Nacken, Gliedmaßen und Schwanz verteilt tragen sie viele große kegelförmige Schuppen, die an Gliedmaßen und Schwanz stachelförmig ausgezogen sein können. Mit Hilfe ihrer Haftlamellen können sie problemlos an glatten Flächen emporlaufen. Zur Einrichtung im Trockenterrarium müssen Klettermöglichkeiten gehören, als Bodengrund kann man ein Sand-Lehmgemisch verwenden. Gestein oder Äste werden von den Tieren zum Klettern und als Ruheplatz genutzt. Als Bepflanzung eignen sich Sansevierien. Die imposanten Geckos sind problemlos in der Haltung und gute Fresser. Sie zeigen sich auch am Tage, wenn sie eingewöhnt sind. Die hartschaligen Eier werden an einer leicht feuchten Stelle im Boden vergraben.

Fächerfingergecko (*Ptyodactylus hasselquistii*).

Foto gegenüber: *Ptychozoon kuhli* (siehe Seite 56).

Fächerfingergecko (*Ptyodactylus hasselquistii*)

Gl: 14–15 cm; **T:** 27–30 °C; **Tl:** 33–35 °C; **TN:** 20 °C; **Lt:** 30–40 %; **Ln:** 60–70 %; **ZT:** 22–25 °C; **TG:** 60 x 40 x 80 cm; **Tt:** FW.

Das riesige Verbreitungsgebiet dieser Gattung liegt im Norden Afrikas, wo die Tiere in felsigen Wüstenlandschaften leben. Namensgebend sind die fächerförmig verbreiterten Zehenspitzen, durch die das Haftvermögen sehr gut entwickelt ist. Das Trockenterrarium wird als Felsenterrarium eingerichtet. Die Tiere halten sich hauptsächlich am Gestein auf, den Boden betreten sie fast nie. Die Geckos sind auch tagsüber oft zu sehen, sie sonnen sich gern und sind dämmerungs-, nacht und tagaktiv. Die Art ist stressempfindlich, deshalb sollten nicht zu viele Tiere in einem Terrarium gehalten werden. Auch Weibchen können recht zänkisch sein, wobei dann die schwächeren unterdrückt werden und schließlich kümmern. Pro Gelege werden zwei Eier in Gesteinsspalten oder an ähnlich geschützte Stellen geklebt. Im Terrarium sollte eine vier- bis sechswöchige Winterruhe bei Temperaturen um 15 °C gehalten werden.

55

Faltengecko (*Ptychozoon kuhli*)

Gl: bis 20 cm; **T:** 24–28 °C; **Tl:** 28–29 °C; **TN:** 20–24 °C; **Lt:** 80–90 %; **Ln:**90–100 % ; **ZT:** 25–27 °C; **TG:** 80 x 40 x 100 cm; **Tt:** FBa2.

Alle Phelsumen haben Haftorgane an der Unterseite der Zehen.

Das große Verbreitungsgebiet dieser Gattung liegt in Südostasien und dem Indoaustralischen Archipel, wo die Tiere in den Bäumen der Regenwälder leben. Hautfalten längs der Kopf- und Rumpfseiten, Hautsäume an den Gliedmaßen und seitlich am Schwanz, sowie die großen Spannhäute zwischen den Zehen geben *P. kuhli* ein unverwechselbares Aussehen. Diese anatomischen Besonderheiten dienen in erster Linie dazu, den freien Fall nach einem Sprung abzufangen. Tagsüber verstecken sie sich oder verlassen sich auf ihre vorzügliche Tarnung. Eng und flach an eine Baumrinde geschmiegt, ahmen sie die Färbung des Untergrundes nach. Erdboden, Geäst und eine Rück- und Seitenwandverkleidung, an der sich die Tiere gern aufhalten, bilden die Einrichtung im Feuchtterrarium. Die Weibchen kleben zwei hartschalige Eier pro Gelege an Terrarienscheiben oder Einrichtungsgegenstände. Die Geckos werden oft als Wildfangtiere preisgünstig angeboten, sind dann aber nicht selten hinfällig und von Parasiten befallen.

Lepidodactylus lugubris.

Schuppenfingergecko (*Lepidodactylus lugubris*)

Gl: 8–10 cm; **T:** 22–27 °C; **Tl:** 28 °C; **TN:** 18–24 °C; **Lt:** 60–70 %; **Ln:** 70–80 %; **ZT:** 24–27 °C; **TG:** 40 x 30 x 40 cm; **Tt:** FBa1.

Die Gattung ist von Südostasien über die gesamte pazifische Inselwelt bis zur Westküste Nord-, Mittel- und Südamerikas verbreitet. Das größte Verbreitungsgebiet und damit die höchste Anpassung an unterschiedliche Lebensbedingungen hat *L. lugubris*. Die Baum bewohnenden Haftzeher bevorzugen eher feuchte als trockene Gebiete. Das Besondere bei ihnen ist die Art der Fortpflanzung: Sie vermehren sich durch Jungfernzeugung (Parthenogenese); dabei ist kein Männchen zur Fortpflanzung vonnöten, dennoch gibt es – wenn auch selten – manchmal Männchen innerhalb einer Population. Die Weibchen kleben zwei hartschalige Eier an Einrichtungsgegenstände. Wird ausreichend gefüttert, so kann man die Jungen im Terrarium lassen. Die Tiere

Goldstaub-Taggecko (*Phelsuma laticauda*).

sind vorwiegend dämmerungs- und nachtaktiv. *L. lugubris* ist einfach zu halten und zu vermehren.

Tagaktive Geckos

Viele Taggeckos, zu denen auch die Phelsumen gehören, sind sehr farbenprächtig und deswegen ausgesprochen beliebt. Auf Grund ihrer Tagaktivität spielt die UV-Strahlung im Sonnenlicht, die für verschiedene Stoffwechselprozesse im Organismus zwingend erforderlich ist, auch in der Terrarienhaltung eine wichtige Rolle (siehe »Vitamine, Mineralstoffe und UV-Bestrahlung«). Phelsumenterrarien sollte man bepflanzen, die Tiere fühlen sich wohler, wenn sie sich im Grün der Gewächse aufhalten und tarnen können.

Goldstaub-Taggecko (*Phelsuma laticauda*)

Gl: 13 cm; **T:** 25–30 °C; **Tl:** 35–38 °C; **TN:** 20–22 °C; **Lt:** 60–70 %; **Ln:** 90–100 %; **ZT:** 27–28 °C; **TG:** 40 x 40 x 60 cm; **Tt:** FBa1.

Vor kurzem wurden die Unterarten von *Phelsuma lineata* neu benannt, deshalb findet man in vielen Terraristikbüchern noch andere als die hier verwendeten Zuordnungen.

Verbreitung: Nordwest- und Nordostküste Madagaskars, vorgelagerte Inseln und auf einigen Komoren- und Seychelleninseln. Die Tiere bewohnen Regionen mit heißem und feuchtem Klima. Namensgebend ist die über den Nackenbereich verstreute, goldfarben bis grünlich schimmernde Pigmentierung. Der lateinische Name bezeichnet den breiten, abgeflachten Schwanz. Die Tiere haben einen kräftigen Körperbau. Goldstaub-Taggeckos sind beliebte, unkomplizierte und langlebige Terrarienpfleglinge. Ihr Feuchtterrarium kann mit Erde oder Kies, Klettterästen und Bambusröhren eingerichtet werden. Die Weibchen legen ihr Doppelei in Bambusröhren, Rindenspalten oder Blattachseln ab. Auch die Weibchen sind untereinander aggressiv, deshalb sollte man die Tiere nur paarweise halten. Die Jungen zieht man am besten einzeln in kleinen Aufzuchtterrarien heran. Die Unterart *P. laticauda angularis* ist durch eine winkelförmige rote Rückenzeichnung, deren Spitze kopfwärts zeigt, von der Nominatform zu unterscheiden. Bei ihr findet man längliche rote Flecken an dieser Stelle. Haltung wie *P. l. laticauda*.

Phelsuma lineata lineata.

Streifengecko (*Phelsuma lineata lineata*)

Gl: 14 cm; **T:** 25–28 °C; **Tl:** 35–38 °C; **TN:** 20 °C; **Lt:** 40–70 %; **Ln:** 90–100 %; **ZT:** 26–28 °C; **TG:** 40 x 40 x 60 cm; **Tt:** FBa1.

Streifengeckos sind mit fünf Unterarten auf Madagaskar heimisch. *P. l. lineata* hat das größte Verbreitungsgebiet und kommt an der Ostküste vor. Für den Einsteiger eignen sich nur die beiden hier aufgeführten Streifengeckos. Die übrigen sind oft selbst für Fortgeschrittene problematisch. Im Handel werden sie jedoch als Wildfänge – manchmal ohne exakte Benennung – angeboten. Während die anderen Unterarten über den Rücken verstreute kleinere rote Flecken oder Sprenkel auf grünem Grund aufweisen, ist die rote Färbung bei *P. l. lineata* auf den hinteren Rücken beschränkt. Als großer Fleck grenzt sie sich nach vorne hin scharf von der grünen Färbung ab und löst sich in Schwanzrichtung in kleinere Flecken und Punkte auf. Ein Feuchtterrarium für Streifengeckos richtet man mit Ästen und Gezweig ein. Bambusröhren werden gern als Eiablageplätze angenommen. Es wird jeweils ein Doppelei abgesetzt.

Streifengecko (*Phelsuma lineata elanthana*)

Gl: 12 cm ; **T**: 24–28 °C; **Tl**: 35–38 °C; **TN**: 20 °C; **Lt**: 40–70 %; **Ln**: 80–90 %; **ZT**: 26–28 °C; **TG**: 40 x 40 x 60 cm; **Tt**: FBa1.

Phelsuma lineata elanthana.

Verbreitung: Im zentralen Hochland Madagaskars. Diese Unterart galt bis vor kurzem als *P. l. lineata*. Die Geckos sind über den gesamten Rücken und Schwanz mit roten Flecken auf grünem Grund übersät, die in Schwanzrichtung feiner werden. Von den Augen bis zu den Nasenlöchern verläuft an beiden Seiten ein roter Streifen, zwischen den Augen ist ebenfalls eine rote Zeichnung zu sehen. Die Tiere haben wie *P. l. lineata* einen deutlichen gleichmäßigen, schwarzen Längsstreifen an beiden Seiten. Die Beine sind eher bräunlich-grau als grün gefärbt und dunkel gesprenkelt. Einrichtung des Terrariums wie *P. l. lineata*.

Phelsuma v-nigra v-nigra

Gl: 10 cm; **T**: 25–30 °C; **Tl**: 35 °C; **TN**: 20 °C; **Lt**: 70–80 **%** ; **Ln**: 80–90 %; **ZT**: 27–30 °C; **TG**: 40 x 40 x 60 cm; **Tt**: F Ba1.

Phelsuma v-nigra v-nigra.

Die Art ist mit vier Unterarten auf den Komoreninseln verbreitet, wo jede Unterart auf einer der vier Inseln heimisch ist. Der Name »*v-nigra*« leitet sich von der v-förmigen Kehlzeichnung ab, die jedoch bei dieser Unterart auch fehlen kann. Gesunde Tiere sind unproblematisch und im Terrarium gut haltbar. Sie sind Strauch und Baum bewohnend. Im Winter sollte man eine sechs- bis achtwöchige Ruhezeit bei Zimmertemperatur und reduziertem Licht halten. In dieser Zeit wird zwar gesprüht, jedoch nur ein- bis zweimal wöchentlich sehr sparsam gefüttert. Die Weibchen legen jeweils ein Doppelei in Bambusröhren oder Blattachseln ab. Verschiedene Pflanzen und ein erdiger Bodengrund sorgen für eine erhöhte Luftfeuchtigkeit und ein gutes Klima, wenn man regelmäßig sprüht. Zweige vervollständigen die Einrichtung.

Phelsuma klemmeri

Gl: 9 cm; **T:** 24–28 °C; **Tl:** 30–35 °C; **TN:** 22–24 °C; **Lt:** 60 %; **Ln:** 80–90 %; **ZT:** 25 26 °C; **TG:** 40 x 40 x 60 cm; **Tt:** FBa1.

Die Art hat nur ein kleines Verbreitungsgebiet in der Küstenregion Nordwest-Madagaskars, wo sie meist in Bambuswäldern vorkommt. Dieser zierlich gebaute und sehr hübsch gefärbte Gecko wird inzwischen recht häufig nachgezogen, gehört jedoch immer noch zu den teuren Phelsumen. Die friedfertigen Tiere haben ein ruhiges Temperament, sind jedoch neugierig und verlieren bei sorgsamer Pflege die Scheu vor Menschen. Die Weibchen setzen jeweils ein Doppelei in Bambusröhren oder ähnliche Verstecke ab. Jungtiere können gemeinsam aufgezogen werden.

Phelsuma madagascariensis grandis

Gl: bis 30 cm; **T:** 24–28 °C; **Tl:** 35–38 °C; **TN:** 22–24 °C; **Lt:** 40–60 %; **Ln:** 80–90 %; **ZT:** 25–28 °C; **TG:** 80 x 50 x 100 cm; **Tt:** FBa3.

Die Gattung ist mit vier Unterarten auf Madagaskar weit verbreitet. Die Tiere leben als Baumbewohner in halbfeuchten bis feuchten Klimaten. *P. madagascariensis grandis* ist, wie der Name schon sagt, die größte Art. Sie wird häufig nachgezogen und hat seit langem ihren festen Platz in der Terraristik. *P. m. grandis* ist auch Einsteigern zu empfehlen, die den Tieren ein entsprechend großes Terrarium zur Verfügung stellen können. Die Tiere werden paarweise gehalten, denn auch die Weibchen sind untereinander aggressiv. Selbst bei einem Paar kann es auch nach jahrelanger Eintracht plötzlich zu Streitereien kommen. Bevor diese massiv ausbrechen können, sollte man die Tiere ein Zeit lang getrennt halten. Setzt man sie später wieder zusammen, kehren im Allgemeinen Friede und Fortpflanzungsbereitschaft wieder ein. Die Weibchen kleben jeweils ein Doppelei in Bambusröhren, an Terrarienscheiben und ähnlich glatte Oberflächen. Die Jungtiere zieht man einzeln und getrennt von den Großen auf. Diese Geckos werden sehr zutraulich.

Phelsuma klemmeri.

Phelsuma madagascariensis grandis.

Phelsuma standingi.

Phelsuma standingi

Gl: 26 cm; **T:** 25–28 °C; **Tl:** 35–38 °C; **TN:** 20–22 °C; **Lt:** 60–70 %; **Ln:** 90–100 %; **ZT:** 26–28 °C; **TG:** 80 x 50 x 100 cm; **Tt:** TBa3.

Weil die Tiere jedoch meist in Küstennähe vorkommen, darf die Luftfeuchtigkeit im Terrarium nicht zu niedrig sein. Aus einem flachen Wassergefäß verdunstet ständig etwas Feuchtigkeit, wenn es an einer mild erwärmten Stelle aufgestellt wird. *P. standingi* ist ein kräftig gebauter Gecko, der zu den großen Arten zählt. Bei der paarweisen Pflege bleiben die Tiere stets friedlich. Es wird jeweils ein Doppelei abgesetzt. Die Jungen kann man während der Aufzucht bei den Elterntieren belassen, will man sie nicht der besseren Kontrolle halber separat aufziehen.

Pflege und Ernährung

Vorige Doppelseite: *Chondrodactylus angulifer* juv.

Pflege und Ernährung

Reinigungsmittel sind schädlich für die Geckos. Terrarienscheiben und Einrichtungsgegenstände werden mit klarem Wasser geputzt, dem man etwas Essigessenz zusetzen kann (keimhemmend).

Ein kleines Terrarium ist nicht sehr aufwändig. Ein wenig Zeit – ungefähr eine halbe Stunde – muss man aber für die tägliche Pflege einplanen. Weil Geckos lebende Insekten zu ihrer Ernährung brauchen, ist es sehr wichtig, dass Sie vor dem Kauf der Tiere wissen, woher Sie verlässlich und regelmäßig ihre Futterinsekten beziehen können. Denken Sie auch darüber nach, ob es jemanden gibt, der bereit ist, die Tiere in der Urlaubszeit zu versorgen.

Regelmäßige Pflegearbeiten

Ein- bis zweimal täglich wird gesprüht, um die **Luftfeuchtigkeit** im Terrarium zu erhöhen und den Tieren die Möglichkeit zum **Trinken** zu geben. Bei dieser Gelegenheit können Sie die **Temperatur** kontrollieren und die **Substratfeuchte** prüfen. **Trinkwasserschalen** werden täglich mit klarem Wasser gereinigt und aufgefüllt. Wasserschalen sollten keine steile Wandung haben, sondern flach sein, sonst könnten sie besonders für kleine Geckos und Jungtiere zur tödlichen Falle werden.

Für Kinder und Jugendliche ist es sehr lehrreich und ganz sicher pädagogisch wertvoll, das Verhalten der Tiere und gerade auch die Nachzucht der Geckos in all ihren Entwicklungsschritten mitzuerleben. Die Hauptverantwortung der regelmäßigen Versorgung liegt jedoch immer bei den Erwachsenen. Mit der alleinigen Pflege eines Terrariums sind Kinder unter 15 Jahren meistens überfordert. Dazu muss auch gesagt werden, dass alle Geckos keine Streicheltiere sind.

Es genügt, wenn man ausgewachsene Geckos drei- bis viermal wöchentlich mit **Insekten** füttert, wobei man als grobe Richtlinie für jedes Tier etwa fünf bis sieben Heimchen (fetthaltigeres Futter wird sparsamer dosiert) rechnen kann. Phelsumen bietet man dreimal wöchentlich zusätzlich **Früchtebrei** an. Jungtiere müssen täglich gefüttert werden. Futterinsekten werden jedesmal – in einem hohen, glattwandigen Gefäß (großer Messbecher) – mit einem **Vitamine-Mineralstoff-Spurenelemente-Präparat** eingestäubt (siehe »Vitamine und Mineralstoffe«). Das geschieht am besten über der Spüle oder Badewanne, damit

Heimchen oder Grillen, falls sie wegspringen, nicht in die Wohnung entkommen. Tagaktive Geckos kann man entweder am späten Vormittag füttern, nachdem sie sich aufgewärmt haben, oder am Nachmittag; dämmerungs- und nachtaktive Tiere am späten Nachmittag oder Abend. Tagaktive Geckos sollten zwei- bis dreimal wöchentlich mit einer **UV-Lampe** (siehe »UV-Bestrahlung«) bestrahlt werden. **Terrarienscheiben** werden mit klarem Wasser und einem eigens dazu reserviertem Schwamm nach Bedarf gesäubert. Kalkflecken vom Sprühwasser können mit einem angefeuchteten Klingenschaber beseitigt werden. **Kot** nimmt man mit einem Löffel vom Boden und füllt gegenenfalls etwas frisches Substrat auf. Bodenbewohner haben die angenehme Eigenschaft, nur eine Ecke ihres Terrariums als Gemeinschafttstoilette zu benutzen, wenn nicht zu viele Tiere in einem Terrarium leben müssen. Der gesamte Bodengrund wird eher selten ausgetauscht, denn größere Aufräumarbeiten im Terrarium beunruhigen die Tiere sehr.

Viele Geckos lecken Sprühwassertropfen auf, um ihren Flüssigkeitsbedarf zu decken. Manche,vor allem größere Tiere wie Leopardgeckos – trinken aus einer Wasserschale, die in ihrem Terrarium nicht fehlen darf. Es ist schon vorgekommen, dass sehr kleine Boden bewohnende Wüstengeckos in einer Wasserschale ertrunken sind. Wenn man in einem Terrarium mit kleinen Geckos täglich sprüht, ist eine Wasserschale überflüssig.

Das Futter

Futterinsekten werden in speziellen Insektenfarmen (Inserate in Fachzeitschriften) gezüchtet und an den Zoofachhandel oder Tierhalter – auch im Abonnement – verschickt. Dabei sind Heimchen oder Grillen für Insekten fressende Echsen unentbehrlich, sie stellen das Grundfutter dar. Hat man mehrere Terrarien, so lohnt sich eventuell eine eigene Futtertierzucht. Anleitungen dazu finden Sie in der weiterführenden Literatur im Anhang.

Dieses Nachzuchttier einer sehr ruhigen Art (*Paroedura picta*) lässt sich kurzfristig, etwa um es umzusetzen oder wie hier für ein Foto, auf die Hand nehmen.

Großer Taggecko, hier *Phelsuma madagascariensis kochi*, frisst eine Wachsraupe.

Heimchen (*Acheta domesticus*), Steppengrille (*Gryllus assimilis*), Zweifleck-Grille (*Gryllus bimaculatus*), Kurzflügel-Grille (*Gryllodes sigillatus*)

Heimchen und Grillen gibt es in mehreren Größen beziehungsweise Häutungsstadien. Als »Microheimchen« werden die frisch geschlüpften Tiere bezeichnet. Man braucht sie für Schlüpflinge kleiner Geckos, bevor man zur Verkaufsgröße »klein« und später »mittel« übergeht. Für kleinere Geckoarten sind kleine und mittelgroße Heimchen und Grillen geeignet, die großen Arten wie *Phelsuma madagascariensis* oder Leopargeckos erhalten große Heimchen und Grillen. Als nachtaktive Tiere zirpen adulte (ausgewachsene) Männchen der Zweifleckgrille sehr laut. Heimchen, Steppengrillen und Kurzflügelgrillen sind etwas leiser und werden ohnedies meist auch lieber gefressen. Aufbewahren lassen sich Futterinsekten bei Zimmertemperatur in Hobbyboxen mit Gitterdeckel (Zoofachhandel), die man mit Eierkartons bestückt. Die Micros lässt man in den Kästchen, in denen sie verkauft werden.

Selbstverständlich sollte man seine Geckos ausreichend mit Nahrung versorgen. Es gibt aber auch Fälle, wo des Guten zu viel getan wird. Bei Phelsumen kennt man das Phänomen des Kippschwanzes. Wenn zu viele Fettreserven im Schwanz gespeichert werden müssen, wird er zu schwer und die Muskulatur kann das Gewicht nicht halten. Wenn das Tier nun kopfüber an einer Fläche hängt, kippt der Schwanz nach vorn unten ab. Allerspätestens jetzt ist eine Diät angesagt. Manchmal sind Kippschwänze noch reversibel (siehe Zeichnung Seite 69).

Meistens werden Heimchen und Grillen in solchen Kunststoffdosen zum Kauf angeboten.

Wanderheuschrecke (*Locusta migratoria*)
Wanderheuschrecken sind ein sehr gutes Futter. Auch sie gibt es in verschiedenen Größen. Die ausgewachsenen Heuschrecken kommen nur für große Geckos in Fage. Da sie sich in engen Kästchen nicht lange halten, setzt man sie nach dem Kauf sofort in eine Box mit etwas Heu oder Zweigen, die an einem warmem Platz aufgestellt wird. Die Heuschrecken werden mit gewaschenem und gut abgetropftem Löwenzahn oder Salat angefüttert. Nach ein paar Stunden kann man sie ins Terrarium setzen. Heuschrecken sind tagaktiv und verstecken sich nicht. Als Grundfutter scheiden sie im Allgemeinen aus, weil sie teuer sind und sich nur unter bestimmten Bedingungen bevorraten lassen.

Damit die Futtertiere auch gehaltvoll sind, sollten sie mit Hunde- oder Katzenflocken, die sowohl pflanzliche wie auch tierische Bestandteile enthalten, oder einem speziellen Heimchen- und Grillen-Fertigfutter sowie etwas Frischkost wie Löwenzahn oder geriebenen Möhren angefüttert werden.

Große Wachsmotte (*Galleria mellonella*), Kleine Wachsmotte (*Achroea grisella*)
Wachsmotten werden auf einem Kunstsubstrat für Terrarientiere gezüchtet. Ursprünglich ernährt sich der Wabenschädling von Bienenwaben. Wachsmotten sind ein gutes Futter für Geckos mit Haftzehen, Bodenbewohner können sie schwer erbeuten. Die Raupen können ab und zu an alle Geckos verfüttert werden. Da

sie sehr fetthaltig sind, sollten sie gut genährten Tieren nur sparsam als Beifutter dienen. Weil Wachsmaden gern gefressen werden, kann man magere Tiere damit eine Zeit lang aufpäppeln, die Vitamin-Mineralstoff-Pulver haften außerdem sehr gut an den weich behaarten Raupen. Sehr guten Fressern unter den Geckos, die zur Verfettung neigen, gibt man sie besser nicht. Die Behälter werden an einem dunklen Ort (nicht unter 20 °C) aufgestellt. Die fertigen Motten kriechen nach oben und können von hier aus direkt in das Terrarium entlassen werden. Die Raupen nimmt man mit dem Finger oder einer Pinzette aus dem Substrat.

Es ist möglich, die Geckos an feste Futterzeiten zu gewöhnen. Füttert man dämmerungs- und nachtaktive Tiere immer schon am Nachmittag, kommen sie auch zu dieser Zeit aus ihren Verstecken hervor. Nach dem Fressen wird allerdings noch etwas ausgeruht.

Fliegen

Fliegen sind ein gutes Beifutter für Baumbewohner. Stubenfliegenmaden bekommt man in Fachgeschäften für Anglerbedarf. Die Maden dürfen allerdings nicht gegeben werden, weil sie im Magen-Darmtrakt weiterleben und ihn schädigen können. Man verteilt die Maden auf mehrere Gläser mit kleinen Luftlöchern im Deckel. Wenn man einige davon im Kühlschrank aufbewahrt, verzögert sich die Entwicklung. Die geschlüpften Fliegen sollten zum Beispiel mit Zucker und einer Vitaminlösung angefüttert werden, bevor man sie ins Terrarium gibt.

Fruchtfliegen (*Drosophila*)

Fruchtfliegen sind wie Microheimchen unentbehrlich zur Aufzucht kleiner Geckos. Die Zuchtansätze bestehen aus einem Nährbrei mit Eiern, Maden und Puppen. Bei Zimmertemperatur schlüpfen die ersten Fliegen schon nach kurzer Zeit. Will man eine kleine Zucht aufbauen, füllt man mehrere Gläser zur Hälfte mit Nährbrei aus Schmelzflocken, etwas Bäckerhefe und Früchtebrei. Dazu setzt man einige Fliegen und verschließt das Glas mit einem Stück Damenstrumpf und einem Gummiband. Die Entwicklungsdauer ist temperaturabhängig. Die flugunfähige, stummelflügelige *Drosophila* ist beim Umsetzen ins Terrarium besser zu handhaben und man kann sie vor dem Verfüttern noch mit einem Mineralstoffpulver einpudern. Zum Klettern gibt man diesen *Drosophila* ein Knäuel Kunstoffschnüre (nichtrostendes oder Material, das bei Feuchtigkeit faulen kann) mit ins Glas.

Bei der Ernährung von Reptilien spielt das Kalzium-Phosphor-Verhältnis in der Nahrung eine wichtige Rolle. Günstig ist ein Verhältnis im Futter von 1,5 bis 1,0 zu 1,0. Überwiegt der Phosphoranteil ständig den Kalziumgehalt, kommt es unweigerlich zu Erkrankungen.

Mehlwurm (*Tenebrio molitor*)

Von vielen Geckos werden Mehlwürmer überhaupt nicht vertragen, die Tiere scheiden sie unverdaut wieder aus. Der harte Panzer reibt dabei an Magen- und Darmwänden und kann Schädigungen verursachen. Deshalb sollten nur hin und wieder frisch gehäutete Mehlkäferlarven in geringer Anzahl verfüttert werden. Sie lassen sich leicht durch ihre weißliche Farbe von den anderen unterscheiden, sind weich und besser verdaulich. Um sie aufzuwerten, füttert man sie mit Flocken und Obst. Die fertigen Käfer werden nur ungern oder gar nicht genommen und verkriechen sich schnell im Terrarium. Mehlwürmer enthalten viel Fett und ein ungünstiges Kalzium-Phosphor-Verhältnis.

Pflanzliche Kost

Viele Geckos, besonders Phelsumen nehmen gern süße Früchte als Zusatzfutter. Bananen, Pfirsiche, Nektarinen und anderes süßes Obst wird zermust, so dass die Tiere es auflecken können. Phelsumen sollten mindestens dreimal in der Woche Früchtebrei in einem kleinen Schälchen als Ergänzung zur Insektenkost erhalten. Sehr gern genommen werden auch Früchtebreie, die man als Babykost in kleinen Gläsern im Supermarkt erhält. Man muss ausprobieren, welche Sorten gefressen werden, die Geschmäcker sind verschieden, aber süß muss es sein. Der Brei verdirbt im Terrarium schnell, man gibt deshalb nur kleine Mengen. Reste müssen am nächsten Tag entfernt werden.

Werden erwachsene Geckos dauernd zu reichlich gefüttert oder erhalten sie ständig Nahrung mit hohem Fettgehalt und werden womöglich noch in kleinen Terrarrien mit wenig Bewegungsspielraum gehalten, kann das die beschriebenen Kipp- oder Knickschwänze zur Folge haben. Besonders häufig tritt dies bei mittelgroßen und großen Phelsumen auf.

Vitamine, Mineralstoffe und UV-Bestrahlung

Korvimin ZVT (als Pulver über den Tierarzt erhältlich) enthält Vitamine, Mineralstoffe, Spurenelemente und Aminosäuren in einer für Reptilien günstigen Zusammensetzung und hat sich in der Terraristik gut bewährt. Futterinsekten stäubt man vor jeder Fütterung damit ein. Calcipot D3 (in Apotheken als Tabletten erhältlich, die man im Mörser zu Pulver zerstoßen kann) enthält Kalzium, Phosphor und das Vitamin D3 in ausgewogener Zusammensetzung. Calcipot wird von vielen Phelsumen gern aufgeleckt, weil es süßlich schmeckt. Man kann auch eine kleine Messerspitze davon in den Früchtebrei mischen. Die fettlöslichen

Vitamine A, D, E und K können in Pulverform vom Reptilienorganismus nicht vollständig aufgenommen werden. Zusätzlich gibt man deshalb jede zweite Woche ein Tröpfchen eines Vitaminmittels in emulgierter Form wie Multi Mulsin (Apotheke) in ihren Früchtebrei, in die Trinkschale oder mehrere Tröpfchen ins Sprühwasser. »Nekton«-Produkte für Reptilien bekommt man als wasserlösliches Pulver in manchen Zoofachgeschäften. Sie enthalten auch die fettlöslichen Vitamine, die durch ein spezielles Verfahren bei der Herstellung so präpariert worden sind, dass sie vom Reptilienorganismus aufgenommen werden können. Gerade fettlösliche Vitamine müssen sehr sorgfältig dosiert werden. Zu wenig Vitamin D und Kalzium kann besonders bei Taggeckos wie Phelsumen zu Mangelerkrankungen führen, die sich oft zuerst als Häutungsprobleme bemerkbar machen. Auch Schlüpflinge können rachitische (weiche Knochen) Erscheinungen haben, wenn das Muttertier während der Tragzeit unter einem Kalziumdefizit zu leiden hatte.

Früchtebrei wird lieber von erhöhten Pätzen aus gefressen, als aus einem Napf am Boden. Im Zoofachhandel gibt es kleine Edelstahlnäpfe mit Aufhängung. Man kann sich so eine Halterung auch selbst aus kunststoffummantelten Draht herstellen; es dürfen nur keine scharfen Enden stehen bleiben.

UV-Bestrahlung: Damit über die Nahrung aufgenommenenes Kalzium vom Organismus für einen gesunden Knochenaufbau und -erhalt verwertet werden kann, ist Vitamin D3 nötig. Der Reptilienorganismus kann aus dem Provitamin D die Vitamine D2 und D3 mittels der UV-Strahlung des Sonnenlichtes (oder durch Bestrahlung mit einer UV-Lampe) aufbauen. Deshalb muss für eine ausreichende Versorgung mit Mineralstoffen und Vitamin D gesorgt werden. Die regelmäßige Bestrahlung mit einer UV-Lampe (siehe auch »Technische Hilfsmittel«) ist allen Stoffwechselvorgängen sehr förderlich und steigert das Wohbefinden, die Vitalität und die Fortpflanzungsbereitschaft. Auch Jungtiere sollten von Anfang an langsam daran gewöhnt werden. Man beginnt zweimal wöchentlich mit einer dreiminütigen Bestrahlungsdauer aus einem Meter Entfernung und steigert die Dauer auf fünf bis zehn Minuten. Eine Eieruhr, die man auf die entsprechende Zeit einstellt, kann sehr praktisch sein. Leicht passiert es, dass man vergisst, die Lampe

> Das Futter sollte regelmäßig und wohldosiert mit Vitaminen und Mineralstoffen angereichert werden. Eine Überdosierung der fettlöslichen Vitamine ist allerdings gefährlich und kann – ebenso wie eine Unterversorgung – zu Erkrankungen führen. Zuviel Vitamin D führt zu einer vermehrten Kalziumanreicherung im Organismus. Bei den Mineralstoffen, vor allem Kalzium, besteht eher die Gefahr der Unterversorgung.

Dieses Jungtier einer *Phelsuma madagascariensis grandis* ist außerordentlich hübsch gefärbt und rundherum in sehr gutem Zustand.

rechtzeitig auszustellen. Kleine Terrarien überhitzen dann sehr schnell. Die Bestrahlung kommt allen tagaktiven Geckos sehr zugute, jedoch auch dämmerungsaktiven Tieren, die zeitweise gern Sonnenbäder nehmen und sich nicht vor dem hellen Licht der Lampe verkriechen.

Weil UV-Strahlen nur in verschwindend geringen Mengen Glas durchdringen, wäre es sinnlos, die Echsen durch die geschlossenen Terrarienscheiben zu bestrahlen. Ist die UV-Lampe in kleineren Terrarien nicht fest installiert, kann man durch das Lüftungsgitter von oben bestrahlen, wobei der Abstand zum Tier auf 60 Zentimeter verringert werden kann, wenn es der direkten Strahlung ausweichen kann. Sonst sollte die Distanz etwa 80 Zentimeter betragen.

Fortpflanzung

Vorige Doppelseite: Bei den Männchen vieler Geckos ist unter der Schwanzwurzel eine deutliche Verdickung sichtbar. Auf der Abbildung ist vorn ein Männchen und hinten ein Weibchen des Engfingergeckos (*Stenodactylus petrii*) zu sehen.

Fortpflanzung

Die Nachzucht der Tiere ist das eigentlich Erstrebenswerte und Spannendste an der Terraristik. Wir lernen dabei das Verhalten einer Art in seiner ganzen Bandbreite kennen, erleben wie ein Schlüpfling sich aus seiner Eihülle befreit und können zusehen, wie die Jungen sich unter unserer Obhut entwickeln. Ob wir damit einen nennenswerten Beitrag zur Arterhaltung leisten oder nicht, darüber gibt es verschiedene Meinungen. Wenn es allerdings gelingt, die Geckos zur Fortpflanzung zu bringen und gesunde Jungtiere aufzuziehen, die wir später weitergeben können, dann tragen wir auf jeden Fall dazu bei, dass die Nachfrage nach Terrarientieren nicht durch Wildfänge gedeckt wird.

Geschlechtsmerkmale werden erst bei adulten (erwachsenen) Geckos sichtbar.

Geschlechtsmerkmale

Größenunterschiede lassen nur im Vergleich zwischen mehreren gleichaltrigen Tieren auf das Geschlecht schließen. Bei den meisten Arten haben die Männchen einen massigeren Körperbau als die Weibchen und werden etwas größer, bei manchen ist es jedoch genau umgekehrt. Unterschiedliche Farben oder Zeichnungsmuster bei männlichen und weiblichen Geckos gibt es nur bei ganz wenigen Arten, die allerdings hier nicht behandelt werden.

Der **Schwanzwurzelbereich** ist bei adulten Männchen verbreitert. Unterseits, hinter dem Kloakenspalt, befindet sich bei den Männchen das paarige Begattungsorgan (Hemipenes), das in den Hemipenestaschen gelagert ist. Von der Seite sowie von unten gesehen ist bei vielen Geckos eine Verdickung sichtbar. Bei anderen – Phelsumen etwa – kann das Geschlecht nur anhand der **Poren**, die bei ausgewachsenen Männchen deutlich ausgeprägt sind, sicher bestimmt werden (siehe Zeichnung rechte Seite).

Vor der eigentlichen Winterruhe füttert man kleine Tiere fünf bis sieben Tage, größere Geckos zehn Tage lang nicht mehr. Sie sollen ihren Darm vollständig entleert haben bevor es kalt wird. Nahrung im Darm kann unter solch niedrigen Temperaturen nicht verdaut werden. Es würde faulen und die Tiere schließlich vergiften. Damit die Echsen die Winterruhe gut überstehen, müssen sie gesund und wohlgenährt sein. Magere Geckos und Jungtiere im ersten Jahr überwintert man nicht, sondern pflegt sie bei gleichbleibender Wärme weiter wie bisher.

Bei männlichen Tieren sind die Poren größer und ausgeprägter als bei den Weibchen. Außerdem produzieren die darin eingelagerten Drüsen ein Sekret, mit dem die Männchen ihre Reviere markieren. Einige Arten haben zusätzlich höckerartige Schuppen (Postanaltuberkel), die von der Seite betrachtet als hervorstehende Zapfen zu erkennen sind. Auch sie sind bei männlichen Tieren massiver als bei den Weibchen, bei denen sie nur schwach angedeutet sind.
Von links nach rechts:
Oben: Präanofemoralporen, Femoralporen
Unten: Präanalporen, Postanaltuberkel

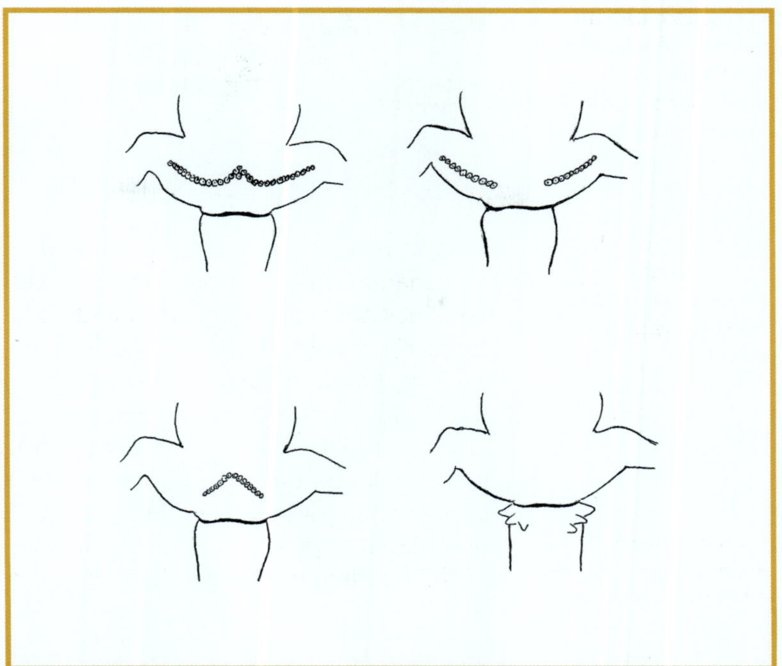

Winterruhe

Jahreszeitliche Unterschiede in den Tropen werden immer geringer, je näher man dem Äquator kommt. Die Temperaturen sind das ganze Jahr über nahezu konstant, lediglich die Niederschläge sind während einiger Monate – der Regenzeit – bedeutend häufiger und ergiebiger als während des übrigen Jahres. Echsen aus diesen Regionen kennen keinen Winter. Dagegen gibt es im subtropischem Klima deutliche Temperaturschwankungen im Jahresverlauf.

Geckos aus diesen Breiten brauchen auch im Terrarium eine **Winterruhe**. Einerseits ist sie ihrer Gesundheit zuträglich, anderseits setzt die **Fortpflanzungsbereitschaft** im Frühjahr und Sommer bei vielen Arten eine Ruheperiode bei herabgesetzten Temperaturen voraus. Geckos sollten die Winterruhe in ihrem **Terrarium** verbringen. Der beste Zeitpunkt dafür ist die bei uns kälteste Jahreszeit, nämlich der Januar und der Februar. Die meisten Arten können dann bei Temperaturen zwischen zehn und 16 °C – in einem ungeheizten Zimmer etwa – gehalten werden (siehe Artenporträts). Während der Winterruhe wird nicht gefüttert, nur ab und zu sehr vorsichtig etwas Wasser versprüht.

Wenn Sie keine Möglichkeit haben, die Tiere bei entsprechenden Temperaturen zu überwintern, halten Sie besser Geckos, die keine Winterruhe brauchen.

Phelsuma madagascariensis grandis bei der Paarung.

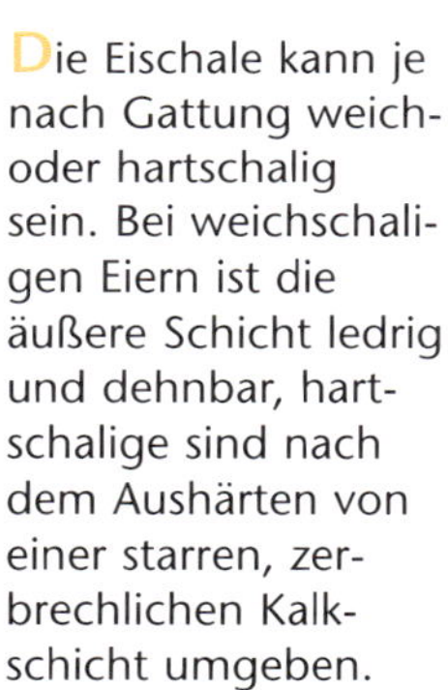

Die Eischale kann je nach Gattung weich- oder hartschalig sein. Bei weichschaligen Eiern ist die äußere Schicht ledrig und dehnbar, hartschalige sind nach dem Aushärten von einer starren, zerbrechlichen Kalkschicht umgeben.

Paarung, Trächtigkeit und Eiablage

Bei der **Balz** nähert sich das Männchen dem Weibchen mit aufgeregtem Kopfnicken. Ist das Weibchen paarungsbereit, bleibt es sitzen. Das Männchen bezüngelt es nun intensiv, überkriecht es und bringt seine Kloake an die des Weibchens. Während der Umschlingung hält es das Weibchen mit dem Maul an der Nackenhaut fest. Ist das Weibchen nicht paarungsbereit, dann flieht es oder stößt Abwehrlaute aus. Geckoweibchen bilden ein bis zwei Eier pro **Gelege** aus, die im gereiften Zustand oft an den Bauchseiten als Ausbuchtungen sichtbar werden. Von unten betrachtet schimmern sie bei vielen Tieren weißlich durch die Bauchhaut. Die Tragzeit beträgt drei bis vier Wochen.

Hartschalige Eier sind noch weich, wenn sie vom Weibchen abgesetzt werden. Bis zum Aushärten der Kalkschale – es dauert

Größeren Boden bewohnenden Geckos wie etwa Leopardgeckos kann man ein Kästchen mit leicht feuchter Erde ins Terrarium stellen. Man sollte eine Abdeckung auflegen, damit sich das Weibchen bei der Eiablage geschützt fühlt und den Platz als sicher für das Gelege annimmt.

wenige Minuten – hält das Weibchen das Ei mit den Hinterbeinen fest; oft wird es dabei zwischen den Füßen gedreht. **Viele Baumbewohner** legen ihre Eier in höher gelegene Spalten in Blattachseln, Bambusrohre, Hohlräume zwischen Baumstamm und Rinde und andere Verstecke. Manche produzieren einen Klebstoff, mit dem das Gelege bevorzugt an glatte Flächen geklebt wird. **Weichschalige Eier** werden im feuchten Boden vergraben, nehmen hier Feuchtigkeit auf und dehnen sich mit dem Wachstum des Embryos. **Bodenbewohner** vergraben ihre Gelege im trockenen oder leicht feuchten Sand beziehungsweise Erdreich.

Eizeitigung

Das Überführen der Gelege in einen **Brutbehälter** (Inkubator, siehe »Technische Hilsmittel«) ist in vielen Fällen sinnvoll, weil man dort eine gleichmäßige Temperatur und Substrat- beziehungsweise Luftfeuchtigkeit gewährleisten kann, die Eier nicht von den Tieren wieder ausgegraben werden können und die Jungen nach dem Schlupf vor den Großen in Sicherheit sind. Nicht alle, aber viele Geckos fressen nämlich auch ihren eigenen Nachwuchs. Man bereitet ein **Kästchen** vor, das in der Höhe bis über die Hälfte mit einem Zeitigungssubstrat befüllt wird. Kunststoffkästchen, in denen Heimchen und Grillen verkauft werden, eignen sich zu diesem Zweck sehr gut. Die Wandungen sind rundherum mit kleinen Löchern versehen und somit luftdurchlässig. Der Deckel wird zum Schluss lose aufgelegt. So kann man das Gelege jeden dritten Tag bequem kontrollieren und gegebenenfalls das Zeitigungssubstrat mit einer Pipette vorsichtig etwas nachfeuchten, ohne das Kästchen aus dem Inkubator zu heben. Nähert sich die Zeitigungsdauer dem Ende und steht der Schlupf bevor, wird das Kästchen (ohne es zu erschüttern) mit dem Deckel fester verschlossen, damit das geschlüpfte Jungtier nicht heraus kann. Als **Zeitigungssubstrat**

Größere Bodenbewohner wie Leopardgeckos brauchen eine hohe Substratschicht zum Vergraben des Geleges. Ein Kästchen mit Erde (etwa zwölf bis 15 Zentimeter hoch, 25 Zentimeter lang und zehn Zentimeter breit) im Terrarium wird von den Tieren zur Eiablage gern angenommen. Bevor man Gelege in einen Brutbehälter überführt, wartet man so lange, bis die Tiere fertig sind und den Ablageplatz verlassen haben. Bis dahin lässt man sie ganz in Ruhe.

Die weichschaligen Eier wurden in angefeuchtetem Vermiculite gezeitigt. Der Schlüpfling trägt die für Leopardgeckos typische Streifenzeichnung, die sich im Verlaufe seines Wachstum in ein Fleckenmuster umwandelt.

Stenodactylus petrii – gerade erst geschlüpft.

Schaumstoff oder Vermiculite wäscht man mit lauwarmem Wasser aus und drückt es anschließend gut aus, wenn das Gelege feucht gezeitigt werden muss. Das Substrat soll nicht tropfnass sein.

eignen sich ungefärbte Schaumstoff-Flocken (vorher auswaschen), die man in kleine Stücke schneidet oder Vermiculite (Zoofachhandel); hartschalige Eier, die von den Tieren im trockenen Boden vergraben werden, kann man in Sand betten. Hat man nichts anderes zur Hand, ist auch auch ein Erde-Sandgemisch für weichschalige Eier, die im feuchten Boden vergraben werden, geeignet.

Vermiculite eignet sich nicht für Phelsumen-Gelege. Phelsumen häuten sich direkt nach dem Schlupf und fressen die alte Haut auf. Vermiculite-Partikel, die daran kleben bleiben, werden mitgefressen und können zu Darmverschlüssen führen. Einige Züchter ver-

Dieses Gelege klebte ein *Lepidodactylus-lugubris*-Weibchen an die Frontscheibe des Terrariums.

wenden alternativ Seramis (feiner Blähton, der nicht anhaftet). Entsprechend der Eigröße drückt man Mulden in das Substrat. Eier, die im Boden vergraben wurden, bettet man so ein, dass sie zur Hälfte oder zu einem Drittel oben aus dem Substrat herausschauen, so kann man ihre Entwicklung besser verfolgen. Die Eier im Terrarium werden freigelegt (man kann dazu einen Pinsel verwenden) und einzeln, sofern sie nicht zusammenhängend abgelegt worden sind, auf einen kleinen Löffel geschoben. Hartschalige Eier sind oft sehr dünnwandig und zerbrechen leicht, wenn man nicht äußerst vorsichtig ist. Größere, weichschalige Eier kann man auch zwischen Daumen und Zeigefinger herüberheben. Nun gibt man das Ei in die vorbereitete Mulde.

Geckoweibchen setzen ihre Gelege an einem Ort ab, der die richtigen Temperatur- und Feuchtigkeitsverhältnisse zur Erbrütung aufweist. Manchmal ist es sogar besser, ein Gelege dort zu lassen und mit einer **Schutzvorrichtung** zu versehen (siehe Abbildung Seite 80). Bei Tieren, die so eine »Umzäunung« erklettern können, muss man sie mit einem Drahtgeflecht oder ähnlichem luftdurchlässigen Material auch von oben abdecken. Verschiedene Geckos kleben ihre Gelege an Flächen. Das sind auch manchmal die Terrarienscheiben. **Angeklebte Gelege** (siehe auch Foto Seite 56) lässt man am Ablageort und schützt sie mit einem Körbchen (feinmaschiges Sieb oder Ähnliches), das über das Gelege gestülpt und an der Auflagefläche mit einem giftstofffreien Kleber (Silikon, Klebeband) rundherum fixiert wird, so dass es dicht anliegt. Nach dem Schlupf der Jungen muss man es sehr vorsichtig lösen, während man darauf achtet, dass das Jungtier nicht ins Terrarium entkommt. Man schiebt dann langsam eine dünne Pappe zwischen Körbchenrand und Auflagefläche um den Schlüpfling in sein Aufzuchtterrarium zu überführen. Selten schlüpfen aus einem Doppelei (viele Geckos wie Phelsumen setzen zwei aneinander haftende Eier pro Gelege ab) beide Jun-

> Die Eier dürfen bei der gesamten Prozedur nicht gedreht werden, sondern müssen in der Position, in der sie abgelegt worden sind, überführt und eingebettet werden. Anderenfalls besteht die Gefahr, dass der oben haftende Embryo vom Fruchtwasser erdrückt wird. Anfangs braucht sich eine leichte Lageveränderung noch nicht auszuwirken, je weiter der Embryo in seiner Entwicklung fortgeschritten ist, desto riskanter wird jede Veränderung seiner Position. Die Eier dürfen keinen Kontakt zu den Wandungen oder dem Deckel des Kästchens haben, beim Nachfeuchten des Substrates ist darauf zu achten, dass keine Wassertropfen auf die Eier gelangen.

gen gleichzeitig. Das Körbchen wird dann wie zuvor über das verbleibende Ei gesetzt.

Schlupf und Aufzucht der Jungtiere

Schlupfbereite Junge ritzen die Eihülle mit ihrem Eizahn, der sich kurz zuvor gebildet hat, an und können nun den Kopf aus der Eihülle herausstrecken. In diesem Moment setzt die Atmung ein. Jetzt kann es noch eine Weile dauern, bis sich der Schlüpfling voll-

Damit die »Umzäunung« nicht untergraben werden kann, muss sie auf den Terrarienboden aufgesetzt werden.

Bei Jungtieren ist es besonders wichtig, dass die Feuchtigkeit immer stimmt. Wenn man einen Tag lang nicht sprüht, kann der Wasserverlust die empfindlichen Schlüpflinge schon schädigen.

Schlüpfende *Phelsuma madagascariensis kochi.*

Die ersten zwei Wochen wird der winzige Schlüpfling in einem Miniterrarium (hier eine Heimchendose) verbringen. Es muss eine kühle und eine warme Stelle geben und man füttert und sprüht sehr sorgfältig. Für Schlüpflinge größerer oder Baum bewohnender Geckos wäre dieses Behältnis allerdings zu klein.

ständig herausgearbeitet hat. Der nun funktionslos gewordene Eizahn fällt aus. Befindet sich noch ein Klümpchen Dottervorrat am Nabel, wartet man mit dem Umsetzen, bis er vollständig in den Bauchraum aufgenommen wurde. Dann werden die Jungtiere – je nach Art – einzeln oder gemeinsam in einem Aufzuchtterrarium untergebracht, in dem man kurz zuvor gesprüht hat. Es kann kleiner sein als das der Alttiere, muss aber die gleichen klimatischen Bedingungen erfüllen. Vorsicht, die Luft in kleinen Behältnissen überhitzt sehr rasch.

> Die Zeitigungsdauer ist von der Temperatur (siehe bei den Artenporträts) abhängig. Je wärmer es ist, desto schneller entwickelt sich der Embryo. Es empfiehlt sich allerdings meistens nicht, die höchste Temperatur zu wählen, oft sind Jungtiere, die etwas kühler (im mittleren und unteren Toleranzbereich) erbrütet wurden, kräftiger und robuster.

Aufzuchtterrarien sollen Bodengrund, Verstecke und gegebenfalls Klettermöglichkeiten enthalten, aber für den Pfleger übersichtlich eingerichtet werden. Bodenbewohner erhalten Verstecke am Boden. Für die Strauch- und Baumbewohner eignen sich Gezweig, aufgestellte Rindenstücke und eine kleine Pflanze. Man kann auch Ableger von Gewächsen aus den großen Terrarien nehmen oder für diesen Zweck vorsorglich Triebe von Rankenpflanzen auf dem Fensterbrett bewurzeln lassen. Jungtiere werden täglich mit Insekten (kleine oder Micro-Heimchen im Wechsel mit Fruchtfliegen) gefüttert. Die Futtertiere stäubt man vor jeder Fütterung mit einem Vitamin-Mineralstoffpräparat ein. Außerdem sollten die Phelsumen immer etwas Früchtebrei auflecken können.

Krankheiten

Vorige Seiten: Verschiedene *Phelsuma*-Jungtiere.

Krankheiten

Echsen im Terrarium über einen langen Zeitraum gesund zu erhalten ist keineswegs so einfach, wie man angesichts des vielfältigen Angebots in manchen Zoofachgeschäften und auf Terraristikbörsen vielleicht glauben mag. Selbst die erfolgreiche Pflege der als unkompliziert geltenden Arten setzt das Wissen um ihre natürliche Lebensweise voraus und verlangt dauerhaftes Engagement. Tatsächlich lassen sich die meisten Erkrankungen unserer Terrarientiere auf Haltungsfehler zurückführen. Zunächst jedoch soll an dieser Stelle noch einmal betont werden, wie wichtig es ist, gesunde Nachzuchttiere zu kaufen und damit Probleme und Enttäuschungen, die sich mit dem Kauf von Wildfängen sehr oft ergeben, zu vermeiden.

Parasiten

Wildfänge leiden häufig unter Parasiten. Blutmilben (rote Blutmilbe) schwächen in großer Zahl auch gesunde Tiere, wenn nichts dagegen unternommen wird. Ein schwacher Befall ist allerdings nicht weniger bedenklich, weil die Milben sich im Terrarium explosionsartig vermehren und das Terrarium völlig verseuchen können. **Milben** setzen sich zwischen die Schuppen und saugen Blut. Außerdem können sie Krankheiten übertragen. Es ist deshalb wichtig, jedes Tier vor dem Kauf genau anzusehen und keines aus einem Terrarium zu übernehmen, in dem sich auch nur eine einzige Echse mit Milben befindet. Neuzugänge sollten vorsichtshalber vorübergehend in einem **Quarantäneterrarium** untergebracht werden. Wenn man mit einer Lupe gegen die Wuchsrichtung der Schuppen schaut, kann man mit etwas Geduld die winzigen roten oder schwarzen punktförmigen Milben erkennen. Auch kleine, weiße Teilchen (Kot der Milben), die lose auf der Haut liegen, deuten auf einen Milbenbefall hin.

Nur wenige Tierärzte sind mit der Behandlung von Reptilien vertraut. Setzen Sie sich mit der DGHT (Deutsche Gesellschaft für Herpetologie und Terrarienkunde e. V. oder direkt mit einer der Arbeitsgemeinschaften, die sich mit der Pflege von Geckos im Terrarium befassen (Adressen im Anhang), in Verbindung. Man kann Ihnen dort sicher Anschriften von fachkundigen Tierärzten vermitteln.

Phelsuma rusilla wallmanni, Gabelschwanz-Regenerat nach Verletzung und Blutmilben. Blutmilben kann man allerdings – gerade bei rot gefleckten Tieren – oft schwer erkennen.

Man sollte sehr darauf achten, dass man keine Milben einschleppt. Sie können sogar auf benachbarte Terrarien übergehen.

Wenige Milben kann man mit einem Wattestäbchen, das in ein winziges Tröpfchen Speiseöl gestippt wird (die Milbe bleibt daran kleben), über einem weißen Tuch absammeln. Bei Geckos darf das Öl allerdings pro Behandlung immer nur auf ein bis zwei kleinflächige Hautstellen gelangen und auf keinen Fall mit den Füßen von Haftzehern in Berührung kommen.

Das Mittel Neguvon, das leider auch in neueren Terraristikbüchern immer noch empfohlen wird, ist hochgiftig und hat schon oft zu Todesfällen unter den behandelten Tieren geführt. Man wendet es heutzutage nicht mehr an. Auch Insektenstrips sind äußerst riskant für die Echsen und sollten nur bei einem Massenbefall unter Beachtung aller Vorsichtsmaßnahmen eingesetzt werden (genaue Anleitungen hierzu in: G. Köhler, Krankheiten der Amphibien und Reptilien). Die wenigen Einrichtungsgegenstände im Quarantäneterrarium müssen täglich ausgewechselt werden, der Behälter wird ausgewaschen. Die Eier der Milben befinden sich auch im Terrarium, wo die Jungmilben nach etwa zehn Tagen schlüpfen. Übersieht man das, kann mit einer größeren Plage gerechnet werden. Das betroffene Terrarium wird ausgeräumt, der Bodengrund und die Einchtungsgegenstände, sofern sie sich nicht auskochen lassen, werden weggeworfen, der Behälter mit dem Insektizid Ardap (Zoofachhandel oder Apotheke) nach Gebrauchsanweisung behandelt und abschließend gut ausgelüftet. Die Tiere werden im Quarantäneterrarium untergebracht.

> Geckos streifen ihre alte Haut in einem Stück ab. Lösen sich Reste auch nach mehreren Tagen nicht, deutet das auf eine zu geringe Luftfeuchtigkeit im Terrarium oder einen Vitaminmangel hin. Eine höhere Luftfeuchtigkeit, gutes Futter, wohldosierte Vitamin- und Mineralstoffversorgung sowie UV-Bestrahlung helfen. Wenn Häutungsreste an den Haftpolstern der Füße verbleiben, rutschen die Tiere beim Klettern ab. Besonders Jungtiere stehen dabei unter solch erheblichem Stress, dass sie sogar sterben können.

Nachzuchttiere, die nicht mit Wildfängen zusammen gehalten wurden, leiden im Allgemeinen nicht, Wildfangtiere dagegen recht oft unter Würmern. Viele **Wurmparasiten** leben nur im Magen-Darmtrakt, einige wandern auch in die Organe. Frei lebende Tiere werden mit einem geringen Befall fertig, im Terrarium kann daraus schnell eine massive Beeinträchtigung werden. Ein Tierarzt kann durch die mikroskopische Untersuchung einer Kotprobe das Vorhandensein von Würmern feststellen. Verschiedene Wurmgruppen sprechen auf unterschiedliche Wirkstoffe an. Der Tierarzt wird gegebenenfalls das entsprechende Mittel verordnen. Während der Behandlung ist eine besonders saubere Haltung wichtig, um einen erneuten Befall zu verhindern.

Stoffwechselkrankheiten, Mangelerscheinungen

Knochenerweichungen haben ihre Ursachen in einem Kalzium- und/oder Vitamin D-Mangel. Geraten verschiedene Faktoren, die für einen gesunden Knochenaufbau und -erhalt sorgen, aus dem Gleichgewicht, kommt es zu einer Entmineralisierung des Skeletts.

> Vergesellschaften Sie auf keinen Fall Echsen mit Schildkröten. Schildkröten beherbergen Amöben, die ihnen nicht schaden, solange die Haltungsbedingungen gut sind. Amöben werden Echsen und Schlangen aber schon in geringer Anzahl gefährlich. Die Amöbiase ist hochinfektiös und eine der gefährlichsten Darminfektionen bei Schlangen und Echsen.

Mit einer qualitätvollen Ernährung, ausreichenden Mineralstoffgaben zum Futter und UV-Bestrahlung kann man diesen Erkrankungen vorbeugen (siehe Ernährung und UV-Bestrahlung). Ebenfalls kann eine zu trockene Haltung Stoffwechselstörungen zur Folge haben. Knochenerweichungen machen sich oft an den Kiefern oder Gliedmaßen bemerkbar, die verformt oder geschwollen aussehen. In einem fortgeschrittenen Stadium kann ein Tierarzt den Krankheitsverlauf mit Injektionen vielleicht noch stoppen. Bei sehr kleinen Geckos ist so eine Behandlung allerdings meistens nicht möglich. Wichtig ist in jedem Fall, dass die Haltungsbedingungen verbessert werden.

Heizkabel müssen befestigt werden. Geckos, die im Boden graben, können sich sonst daran verbrennen.

Bei einem **Vitamin-B-Mangel** kann man, besonders wenn die Echse ruhig sitzt oder liegt, ein leichtes anfallartiges Zittern der Zehen beobachten. Zufütterung von B-Vitaminen können im Anfangsstadium helfen. Wird nichts unternommen, kommt es zu Lähmungen, die weiter voranschreiten.

Verletzungen, Verbrennungen, Darmvorfälle

An offen liegenden Heizkabeln oder Lampen, die zu dicht über einem Sonnenplatz angebracht sind, können sich Echsen **Verbrennungen** zuziehen. Man vermeidet das durch die richtige Installation der Wärmequellen (siehe »Technische Hilfsmittel«).

Kleinere **Verletzungen** heilen bei gesunden Tieren normalerweise von selbst. In der Häutungsphase kann es an solchen Stellen problematisch werden. Manchmal löst sich die alte Haut hier nicht, sondern verklebt mit der neuen Haut. Es kann etwas (sehr dünn und so kleinflächig wie möglich) Unguentolan-Lebertransalbe (Apotheke) auf die Stelle aufgetragen werden, damit sie geschmeidiger wird und sich die alte Haut besser löst. Entzündete oder größere Wunden müssen vom Tierarzt versorgt werden.

Darmvorfälle können ihre Ursache in einer falschen Fütterung oder einer Bindegewebsschwäche haben. Der vorgefallene Darm ist dann oft mit Sand oder Erde verschmutzt. Die Stelle wird vorsichtig in temperiertem Wasser gebadet, während man das Tier festhält. Dann setzt man es in ein sauberes Quarantäneterrarium, dessen Boden mit angefeuchtetem Küchenpapier bedeckt wird,

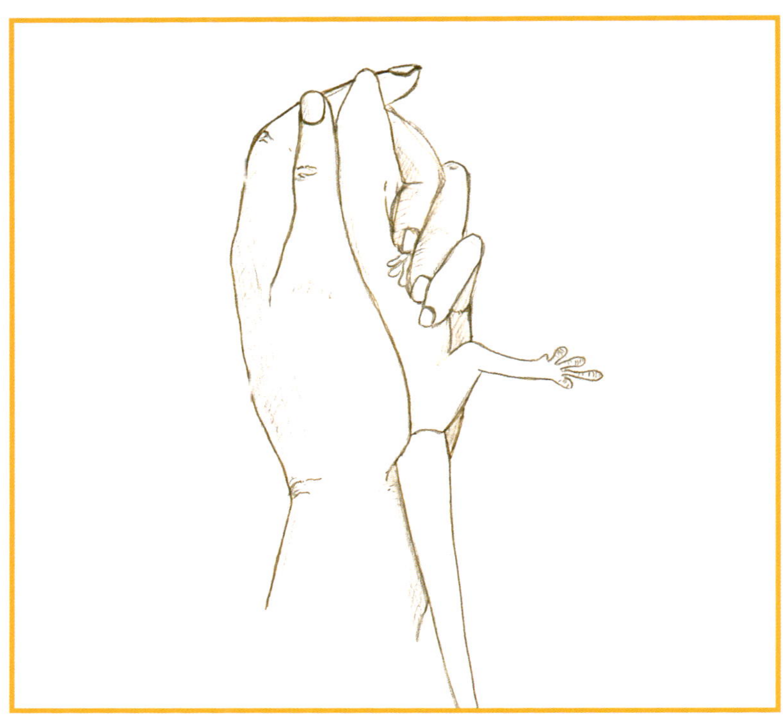

Handhabung eines Geckos.

damit das Gewebe nicht austrocknet. Hat sich der Vorfall bis zum nächsten Tag nicht von allein zurückgezogen, muss man einen Tierarzt konsultieren.

Bakterielle Infektionen

Bakterien gehören zur normalen Darmflora bei Reptilien, auch im Mund- und Rachenraum sind sie nachweisbar. Steht ein Tier unter andauerndem Stress, kann es zu einer Massenvermehrung bestimmter Bakterienstämme kommen, die in geringer Dichte für die Echsen harmlos waren. Darm- oder Atemwegsinfektionen – auch andere Organe können in Mitleidenschaft gezogen werden – sind die Folge. Der Tierarzt setzt in solchen Fällen im Allgemeinen ein Antibiotikum zur Behandlung ein.

Eingabe von Medikamenten

Auch hier tritt das Problem der Stressempfindlichkeit bei kleinen Geckos auf. Der Versuch, einen wenige Gramm schweren Gecko mit Medikamenten zu versorgen, die auch noch zwangsweise über einen längeren Zeitraum eingegeben werden müssen, oder gar Injektionen zu verabreichen, ist meist zum Scheitern verurteilt. Der dabei erlittene Stress verschlechtert den Allgemeinzustand erheblich. Man versucht, so weit es geht, das körpereigene Abwehrsystem durch optimale Haltungsbedingungen intakt zu halten und so Erkrankungen vorzubeugen. Ist der Allgemeinzustand schon schlecht (das Tier ist stark abgemagert und apathisch) kann einem kleinen Gecko in der Regel kein Tierarzt mehr helfen.

Medikamente wie Wurmkuren und besonders Antibiotika auf Verdacht oder vorbeugend zu verabreichen ist strikt abzulehnen. Das ist nicht nur nutzlos sondern schädlich. Es bilden sich so nur mehr resistente Stämme von Krankheitserregern, als dies auch auf Grund von leichtsinnigen Antibiotika-Behandlungen an Reptilien schon der Fall ist. Im Krankheitsfall sollten Medikamente deshalb immer nur von einem fachkundigen Tierarzt verordnet werden und Sie sollten sich genau an seine Angaben halten.

Muss einer Echse etwas eingeflösst werden, hält man das Tier wie in der Zeichnung links dargestellt. Der Kopf wird zwischen Daumen und Zeigefinger nach oben gehalten, so dass er mit dem Hals eine gerade Linie bildet und nicht abgewinkelt ist. Das Maul kann mit dem Fingernagel oder einem flachen Hölzchen am Maulspalt vorsichtig geöffnet werden, während man gleichzeitig leicht an der Kehlhaut zieht. Man gibt Flüssigkeiten oder Brei langsam und tröpfchenweise mit einer kleinen Spritze (ohne Injektionsnadel) ins Maul. „Amynin" (Elektrolytlösung mit den B-Vitaminen aus der Apotheke oder vom Tierarzt) ist ein sehr gutes Mittel, um zunächst einmal den Flüssigkeitsverlust bei geschwächten Tieren auszugleichen.

Literatur

Benjamin & W. Schwarz (2001): Bromelien, Orchideen und Farne im Tropenterrarium. Natur und Tier-Verlag, Münster.

Falk, A. (2000): Grundkurs Terraristik. Verlag Eugen Ulmer, Stuttgart.

Friederich, U. & W. Volland (1998; 3. Auflage): Futtertierzucht: Lebendfutter für Vivarientiere. Verlag Eugen Ulmer, Stuttgart.

Hallmann G. & J. Krüger & G. Trautmann (1997): Faszinierende Taggeckos: Die Gattung Phelsuma. Natur und Tier-Verlag, Münster.

Henkel, F. W. & M. Knöthig & W. Schmidt (2000): Leopardgeckos. Natur und Tier-Verlag, Münster.

Henkel, F. W. & W. Schmidt (1991): Geckos. Verlag Eugen Ulmer, Stuttgart.

Henkel, F. W. & W. Schmidt (1995): Amphibien und Reptilien Madagaskars, der Maskarenen und Komoren. Verlag Eugen Ulmer, Stuttgart.

Henkel, F.-W. & W. Schmidt (1999; 2. Auflage): Terrarien: Bau und Einrichtung. Verlag Eugen Ulmer, Stuttgart.

Heselhaus, R. (1994; 2. Auflage): Taggeckos: Phelsumen. Verlag Eugen Ulmer, Stuttgart.

Köhler, G. (1998): Krankheiten der Reptilien und Amphibien. Verlag Eugen Ulmer, Stuttgart.

Nietzke, G. (1998, 4. Auflage): Die Terrarientiere, Band II. Verlag Eugen Ulmer, Stuttgart.

Rösler, H. (1995): Geckos der Welt. Urania Verlag, Leipzig, Jena, Berlin.

Seipp, R. & F. W. Henkel (2000): Rhacodactylus. Biologie, Haltung und Zucht. Edition Chimaira, Frankfurt am Main.

Adressen

DGHT e. V. = Deutsche Gesellschaft für Herpetologie und Terrarienkunde;
Geschäftsstelle: Postfach 1421, Wormersdorfer Str. 46-48, D-53351 Rheinbach,
Tel.: 02225/ 703333, Fax: 0225/ 703338, E-Mail: gs@dght.de.
Im Internet ist die DGHT unter http://www.dght.de zu finden, dort sind auch zahlreiche Links zu Gecko-Seiten aufgelistet.
Empfehlenswerte Internet-Seiten von Gecko-Arbeitsgruppen sind auch www.ig-phelsuma.de und www.infonephrurus.de.

Bildquellen

Blickwinkel/Torsten Schröer, Witten: Seite 8, 76.
U. Dost, Esslingen: Seite 57.
A.Falk, Bonn: Seite 1, 12, 29, 31, 32, 33, 34/35, 41, 45 unten, 46 oben, 67, 49 oben, 53 unten, 54 oben, 56, 72/73, 78 (2), 79, 80 oben, 81.
W. Grossmann, Berlin: Umschlagrückseite, Seite 10, 16/17, 53 Mitte.
G.Hallmann, Dortmund: Seite 4/5, 9, 49 Mitte und unten, 50 unten, 55, 59(2), 60, 61 unten, 66, 71, 80 unten, 82/83, 85.
F.W.Henkel, Bergkamen: Seite 44 (2), 46 unten, 47 (2), 51, 53 oben, 54 unten, 62/63,.
C.Schaefer, Bonn: Titelfoto, Seite 45 oben, 50 oben, 58, 61 oben, 65, 87.

Sämtliche Zeichnungen wurden von der Autorin gefertigt.

Register

Abbildungen (nur Tiere) halbfett

Haftung
Die in diesem Buch enthaltenen Empfehlungen und Angaben sind von der Autorin mit großer Sorgfalt zusammengestellt und geprüft worden. Der Pfleger von Terrarientieren sollte jedoch bedenken, dass er in eigener Verantwortung handelt. Autor und Verlag übernehmen keinerlei Haftung.

Impressum

Die Deutsche Bibliothek – CIP-Einheitsaufnahme

Ein Titeldatensatz für diese Publikation ist bei Der Deutschen Bibliothek erhältlich

ISBN 3-8001-3933-2

70599 Stuttgart (Hohenheim)
Internet: www.ulmer.de
Printed in Germany
Lektorat: Dr. Eva-Maria Götz
DTP: Michael Kokoscha, Oberhausen
Druck und Bindung: aprinta Druck, Wemding

Hier erfahren Sie mehr.

Dieses Buch bietet eine umfassende Einführung zu Leguanen und deren artgerechte Haltung im Terrarium. Folgende Themen werden angesprochen: Haltung und Pflege der Tiere, Verhalten, Ernährung, Fortpflanzung und Aufzucht der Jungtiere, ebenso Krankheiten und Haltungsschäden und ihre Vorbeugung und Behandlung. Einzelne Leguan-Arten, die sich besonders gut im Terrarium halten und züchten lassen, werden ausführlich im zweiten Teil des Buches portraitiert.

Leguane. Astrid Falk. 2001. 95 Seiten, 51 Farbfotos, 19 Zeichnungen und Karten. ISBN 3-8001-3583-3.

Das Buch bietet Terrarianern die Möglichkeit, sich ein solides Grundwissen über diagnostische Untersuchungsmethoden, Therapieverfahren und Krankheitsbehandlungen anzueignen.

Krankheiten der Amphibien und Reptilien. Gunther Köhler. 1996. 168 S., 134 Farbfotos, 57 sw-Abb., 13 Tab. ISBN 3-8001-7340-9.

Beutefang mit Schleuderzunge - nicht nur die Fähigkeit, ihre Farben zu wechseln, hat Chamäleons so berühmt gemacht. Alles über ihre Biologie, Pflege und Zucht finden Sie in diesem Buch.

Uwe Dost ist Biologe und seit vielen Jahren Terrarianer mit großer Zuchterfahrung.

Chamäleons. Uwe Dost. 2001. 95 Seiten, 51 Farbf., 16 Zeichn. ISBN 3-8001-3544-2.

Wüste, Steppe, Felsenlandschaft, Uferzone oder Regenwald mit den Tieren, die darin leben – diese faszinierenden Welten können auch in der Wohnung Wirklichkeit werden. Das Buch gibt klare Anleitungen, spezielle Tipps und Ratschläge zu folgenden Themen: Wahl des richtigen Terrariums. Welche Technik und welche Einrichtung braucht man? Welche Tiere lassen sich gut im Terrarium pflegen? Außerdem: artgerechte Haltung, Fütterung und Zucht, Krankheiten.

Grundkurs Terraristik. Astrid Falk. 2000. 125 Seiten, 84 Farbfotos, 10 Zeichnungen. ISBN 3-8001-7476-6.